Herderbücherei
»Texte zum Nachdenken«

Herausgegeben von
Gertrude und Thomas Sartory

Band 820

»Texte zum Nachdenken«
In den Büchern der Menschheit ist eine Fülle von Texten zu finden, die das Bewußtsein weiten und verändern, die Seele wandeln. Vorausgesetzt, man liest diese Texte wieder und wieder, läßt sie immer tiefer eindringen in Geist und Herz. Hier trennt nicht die Fremde der Zeit oder die Ferne der Kontinente, denn in tieferen Schichten der Seele sind alle Menschen einander verwandt.
Gertrude und Thomas Sartory geben in der Herderbücherei solche »Texte zum Nachdenken« heraus: Worte von Dichtern und Denkern, Heiligen und Weisen. In jedem Band (sechs pro Jahr) kommt eine andere Gestalt oder Tradition zu Wort, jeweils unter einer Fragestellung, die uns heute bewegt.
Schon die schöne Gestaltung jedes Bandes lädt zum verweilenden Lesen ein. Dennoch sind diese kleinen Kostbarkeiten zum Bedenken und Verschenken zum Normalpreis eines Taschenbuchs zu haben.

Die Herausgeber
Gertrude Sartory, Dr. iur. can., 1923 in Hamm geboren.
Thomas Sartory, Dr. theol. habil., 1925 in Aachen geboren.
Beide freie Schriftsteller und Mitarbeiter an verschiedenen Rundfunkanstalten.
Anschrift: D-8301 Niederaichbach bei Landshut

HEIMGANG

Orientierungen für den letzten Weg

Ausgewählt und eingeleitet von
Gertrude und Thomas Sartory

Herderbücherei

Originalausgabe
erstmals veröffentlicht als Herder-Taschenbuch
Buchumschlag: Willy Kretzer

Herder Freiburg · Basel · Wien
Gesetzt in der Times-Antiqua (Monophoto)
Gesamtherstellung:
Offizin Herder in Freiburg im Breisgau 1980
ISBN 3-451-07820-1

INHALT

(Die Textüberschriften – auch die Zwischenüberschriften im „Traum des Gerontius“ – stammen nicht von den Autoren der betreffenden Texte, sondern von den Herausgebern.)

DES ›ALTEN MANNES‹ TRAUMGESICHT VOM HEIMGANG DER SEELE

TRAUERT NICHT WIE DIE, DIE KEINE HOFFNUNG HABEN

EPILOG

UNSEREN LIEBEN TOTEN

Peter Sartory
† 26. Juli 1980

Josef Keutner
† 12. Juli 1980

Erich Reidick
† 5. August 1980

EINLEITUNG

Es gibt einen Tod, so sagten die jüdischen Weisen, der ist so leicht wie das Ziehen eines Haares aus der Milch. Sie nannten ihn den »Tod im Kuß«.

Bei diesem Bild hat offenbar die Schöpfungsgeschichte der Bibel Pate gestanden, und zwar der sogenannte Zweite Schöpfungsbericht. Im ersten Kapitel der Genesis wird die eigentümliche Sonderstellung des Menschen unter allen Geschöpfen der Erde mit dem geheimnisvollen Wort über seine Gottähnlichkeit angedeutet. »Gott schuf den Menschen nach seinem Bild. Nach dem Bilde Gottes schuf er ihn.« Im Zweiten Schöpfungsbericht nach Gen 2 wird dieses geradezu abgründige Wort in ein symbolisches Geschehen umgesetzt. Gott bildet den Menschen seinem Leib nach aus dem Stoff der Erde, haucht ihm aber dann belebend, »beseelend«, seinen eigenen Lebensodem ein.

So – und nur so – wird der Mensch zu einem »lebenden Wesen«. Anders als die übrigen Geschöpfe der Erde ist der Mensch ein himmel-irdisches Wesen, stammt von unten und oben zugleich; seine Lebendigkeit hat ihr Prinzip nicht nur im animalischen Leben, sondern zugleich im göttlichen Leben.

Der »Tod im Kuß« wäre dann sozusagen das natürliche Ende des Menschen: so wie Gott ihm das Leben einhaucht, so pflückt er es dem Menschen wieder von den Lippen im letzten Kuß – wie es die altjüdischen Geschichten vom Tod des Mose zu erzählen wissen. Heißt es nicht am Schluß des Buches Deuteronomium, Mose sei durch Gottes »Geheiß« gestorben, also durch Gottes Mund? An diesem Bibelvers entzündeten sich die Mündlichen Überlieferungen über den Tod des Mose. Gemeinsam ist ihnen allen, daß der große Gottesmann sich zunächst geradezu verzweifelt wehrt, als er hört, er müsse nun sterben. Himmel und Erde ruft er zu Hilfe: zu den Sternen und Planeten geht er und fleht sie um Fürbitte an – zu den Bergen und Höhen – schließlich zum Meer. Alle antworten, sie könnten ihm nicht helfen, denn auch für sie werde einst der Tag kommen, da sie vergehen müßten.

»Da rief Mose: Gebieter der Welten! Die Füße, die den Himmel bestiegen haben, das Angesicht, das von dem hehren Schein deiner Majestät widerglänzte, die Hände, die die Lehre von deiner Hand empfangen haben – das alles soll zu Staub werden? Werden nicht da die Geschöpfe alle sprechen: Wenn Mose, der wie die Engel war und mit dem Gott von Angesicht zu Angesicht gesprochen hat, keine Antwort zu geben wußte, als er sterben sollte – soll da ein schlichtes Wesen von Fleisch und Blut, das dahinlebt ohne Gesetz und ohne Gebot, sich Rat wissen? Der Herr sprach darauf: ›Worüber grämst du dich so bitter?‹ Mose erwiderte: ›Ich fürchte mich vor dem Würgeengel.‹ Da sprach der Herr: ›Du sollst ihm nicht überantwortet werden.‹« »Fürchte dich nicht, ich selbst will dein warten, dein Tod und dein Begräbnis sollen meine Sorge sein.« »In dieser Stunde drückte der Herr einen Kuß auf Moses Lippen und nahm ihm die Seele durch den Kuß seines Mundes.«[1]

Aber die jüdischen Weisen kennen nicht nur den »Tod im Kuß«; sie sprechen auch von dem anderen Tod – »schwer wie das Ziehen eines Taues durch den Ring des Mastbaums«. Und es ist keineswegs so, daß der »Tod im Kuß« das selbstverständliche Vorrecht der Heiligen wäre. Auch der christlichen nicht! Als Therese von Lisieux stirbt, erinnert nichts an die begnadete Leichtigkeit, mit der man »ein Haar aus der Milch« zieht. Und dabei ist die »kleine« Heilige von

Lisieux vielleicht sogar die größte Heilige der Neuzeit. So jedenfalls hat Papst Pius XI. sie genannt. Zumindest ist Therese in einem besonderen Sinn eine Heilige für die Menschen unserer Zeit. Und das hat *auch* etwas mit der mühseligen Geschichte ihres Sterbens zu tun.

Dabei hat gerade diese Geschichte so verheißungsvoll, ja fröhlich begonnen. In der Karfreitagsnacht des Jahres 1896 erleidet Therese einen kleinen Blutsturz; sie ist dreiundzwanzig Jahre alt, aber schon seit acht Jahren im Karmel, in den sie mit besonderer bischöflicher Erlaubnis bereits als Fünfzehnjährige eingetreten war. Therese deutet diesen Blutsturz sofort als ersten Vorboten des nahenden Todes (und stirbt tatsächlich anderthalb Jahre später). Ihre spontane Reaktion: ein Sturm seliger Freude. Warum auch nicht? Seit Kindertagen empfindet sie den Himmel als ihre eigentliche Heimat. Ihr Glaube ist so klar, so selbstverständlich, daß sie sich nicht einmal vorstellen kann, irgendwelche Menschen könnten ernsthaft überzeugt sein, mit dem Tod sei alles aus. Wer so etwas sagt, denkt Therese, der spricht doch wohl gegen sein besseres inneres Wissen.

Aber genau an diesem Punkt sollte es im geistigen Kosmos ihrer inneren Gewißheiten zu einem Einbruch kommen, und zwar schon wenige Tage nach jener Karfreitagsnacht. Sozusagen mitten im Auferstehungsjubel! »In den so fröhlichen Tagen der Osterzeit ließ Jesus mich fühlen, daß es tatsächlich Seelen gibt, die den Glauben nicht haben.« »Er ließ zu, daß dichteste Finsternisse in meine Seele eindrangen und der mir so süße Gedanke an den Himmel bloß noch ein Anlaß zu Kampf und Qual war.«[2]

Jesus ließ mich *fühlen* – das heißt: Therese bekommt es auf jene Weise zu verstehen, in der sich sonst ihre innersten Überzeugungen formen. Je sens – ich fühle es: das ist einer ihrer Lieblingsausdrücke, wo immer es um ihr inneres Wissen geht. Nun fühlt sie, daß man sehr wohl auch *nicht* an ein Leben nach dem Tod glauben kann.

»Diese Prüfung sollte nicht nur ein paar Tage, ein paar Wochen dauern, sie sollte erst zu der vom Lieben Gott bestimmten Stunde erlöschen – und diese Stunde ist noch nicht gekommen.«[3] Als Therese, die Verschwiegene, von dieser Prüfung etwas verrät, dauert sie bereits länger als ein Jahr an. Und sie wird auch in den letzten Monaten ihres Lebens aus ihr nicht entlassen werden, bis zu ihrem Tod nicht. Die Nachwelt würde wohl nichts davon erfahren haben, hätte ihr die Priorin nicht im Gehorsam aufgegeben, die innere Geschichte ihrer Klosterjahre für sie niederzuschreiben. So äußert sich Therese vollkommen gefügig und vollkommen offen auch über die Anfechtung, die als so schwere Hypothek auf ihrer anderthalbjährigen Todeskrankheit lasten sollte.

Therese versucht, ihrer Priorin in einem Bild zu verdeutlichen, was ihrer Seele zugestoßen ist. Es ist, als sei man in einem von dichtem Nebel überlagerten Land geboren, habe nie strahlenden Sonnenschein, nie den lachenden Anblick der Natur gesehen, hätte aber immer gewußt, daß es diese Wunderdinge in einem anderen Land gibt, in dem man »eigentlich« zu Haus ist, während man in dieses Nebelland nur für einige Zeit verbannt sei. Hätte es genau gewußt! Nicht nur, weil man es von Kindheit an so gehört, sondern weil man selbst im innersten Herzen unablässig Sehnsucht nach diesem Sonnenland verspürte. Hat nicht auch das Genie des Kolumbus (so fragt Therese) die Existenz einer anderen Welt erahnt, als noch niemand etwas davon wußte? So war in Therese dieses ahnungsvolle Fühlen lebendig gewesen: ein inneres Wissen von jener sonnenüberstrahlten Heimat. Aber genau an diesem Punkt kommt es zu einer Art seelischem Erdrutsch, den Therese mit ihrem Bild veranschaulichen möchte. »Plötzlich verdichten sich die Nebel um mich her, sie dringen in meine Seele ein(!)..., so daß ich das süße Bild meiner Heimat in ihr nicht mehr finde. Alles ist verschwunden! Suche ich, erschöpft von all diesen Finsternissen, Ruhe für mein Herz in der Erinnerung an jenes lichtüberstrahlte Land, nach dem ich mich sehne, so verdoppelt sich meine Qual. Mir ist, als nähme die Finsternis die Stimme der Gottlosen an und riefe mir höhnisch zu: ›Du träumst von Licht, von einer Heimat, durchströmt von süßesten Düften, du träumst vom ewigen Besitz des Schöpfers dieser Herrlichkeiten, du glaubst, eines Tages den Nebeln zu entrinnen, die dich umringen. Nur zu! Nur zu! Freu dich auf den Tod! er wird dir geben nicht, was du erhoffst, sondern noch tiefere Nacht, die Nacht des Nichts!‹«[4]

Gedemütigter Glaube: »Oh, wenn Sie wüßten, was für abscheuliche Gedanken mich dauernd bedrängen – das Räsonieren der schlimmsten Materialisten zwingt sich meinem Geist auf. O Mütterchen, muß man denn solche Sachen denken, wenn man den Lieben Gott so liebhat?«[5]

Aber auch Unbesiegbarkeit des Glaubens! – in so tiefen Schichten der Seele verwurzelt, daß er von bloßen *Gedanken* in ihrem Widerstreit nicht verwirrt werden kann! Fühlt Therese auch den Glauben nicht mehr, so wird sie um so eifriger seine Werke tun. Mag ihr auch der Himmel entschwunden sein – sie will gern in dieser Trostlosigkeit ausharren, wenn dafür der Liebe Gott seinen Himmel den Ungläubigen aufschließt. Soll sie schon am Tisch derer sitzen, die keinen Glauben haben, keine Hoffnung, keinen Trost, so will sie bereitwillig dort aushalten, damit wenigstens einer an diesem Tisch sei, der den Lieben Gott liebt.

Therese fühlt den Glauben nicht, aber sie lebt ihn. Es *ist* die Sonne am Himmel, auch wenn sie selbst nichts mehr davon sieht, seit diese finstere, bis zum Firmament hochragende Mauer ihr jeden Blick auf das strahlende Gestirn versperrt. Therese glaubt einfach, was sie glauben *will*, glaubt dem Lieben Gott aufs Wort! Darin bleibt sie unbeirrbar bis zum Schluß – auch in den letzten Wochen dieser so qualvollen Todeskrankheit, als die Tuberkulose von der Lunge auf die Gedärme übergreift und zur Düsternis der seelischen Anfechtung die Folter rasender Schmerzen kommt. »Sehen Sie drüben im Garten neben den Kastanien das schwarze Loch, wo man gar nichts unterscheiden kann? In so einem Loch stecke ich mit Seele und Leib. Ach ja, was für Finsternisse! Aber ich bin im Frieden.« »Was sagen Sie zu Gott?« fragt die Pflegerin, die sie nachts schlaflos im Gebet findet: »Ich sage gar nichts – ich liebe ihn.«[6]

Und das wird auch ihr letztes Wort sein – erschöpft von den grausamen Erstickungsanfällen – und im Blick auf das Kreuz in ihrer Hand: »Ich – liebe – dich!« Der Kopf fällt zur Seite. Therese ist tot.

Gestorben im Blick auf den Gekreuzigten, an dem keine Macht der Welt sie irremachen konnte – auch nicht „das Räsonieren der schlimmsten Materialisten«. Zwar verfügte Therese – philosophisch ungeschult wie sie ist – nicht über Gegenargumente, mit denen jene zu schlagen gewesen wären. Aber sie weiß, wie man sich in einem solch ungleichen Kampf zu verhalten hat. Da ist rechtzeitige Flucht die beste Verteidigung. Sich dem Zweikampf zu stellen um jeden Preis wäre kein Zeichen von Tapferkeit. Hat nicht die Kirche das Duell verboten – diese Ausgeburt kindischer Ehrsucht und keineswegs reifer Männlichkeit? »Bei jeder neuen Gelegenheit zum Kampf, wenn mein Feind mich herausfordert, zeige ich mich tapfer; da ich weiß, daß es feige ist, sich im Duell zu schlagen, kehre ich meinem Gegner den Rücken, ohne ihn eines Blickes zu würdigen; aber ich eile zu meinem Jesus und sage ihm, ich sei bereit, bis zum letzten Blutstropfen dafür Zeugnis abzulegen, daß es einen *Himmel* gibt.«[7]

Das hat nichts mit *Flucht* in blinden Glauben zu tun. Das Problem wird ja nicht verdrängt (was dann geschähe, wenn man es nicht wahrhaben will), sondern auf eine Ebene verlagert, auf der es aufhört, ein Problem, ein »Stolperstein« zu sein, worüber man zu Fall kommt. Die Tiefenschicht des Geistes, in die Therese sich zurückzieht, hat nichts Dumpfes: sie ist überhell und erfüllt die Seele mit Klarheit. Gedanken, die von daher aufsteigen, ergreifen den Menschen in seiner Existenz und verwandeln ihn. Tief unter den rein rationalen Schichten des Intellekts gibt es einen »Denkgrund, den man sich vor allem dann nicht nehmen läßt, wenn man einmal verspürte, wie er das eigene Herz zum Pochen bringt« (W. Nyssen[8]).

So kann Therese zwar ihren Glauben nicht mehr »genießen«, wie sie es nennt, und kann dennoch ausrufen: »›Herr, du überschüttest mich mit Freude durch ALLES, was du tust‹ (Ps. 91,4). Denn gibt es eine größere Freude, als um deiner Liebe willen zu leiden?«[9]

Therese ist, wie jede Heilige, auch ein Kind ihrer Zeit. Heute, gut achtzig Jahre nach ihrem Tod, sind die Argumente der Materialisten auf der Ebene des rationalen Intellekts durchaus widerlegbar. Mit dem Fortschritt der Wissenschaft ist die methodische Selbstbegrenzung der Wissenschaft deutlicher bewußt geworden. Das Instrumentarium der exakten Wissenschaften greift nur, soweit es *Materielles* zu fassen bekommt; Geistiges bleibt ihm unzugänglich. Über Existenz oder Nichtexistenz einer geistigen Seele und ihr »Fortleben« über den Tod hinaus – was will eine auf die Welt des Materiellen beschränkte Wissenschaft darüber ausforschen und aussagen können? Jahrzehntelang hielt man es für eine wissenschaftliche »Tatsache«, daß *Bewußtsein* ausschließlich eine Funktion des *Gehirns* sei; mit dem Tod der Gehirnzellen müsse darum – logischerweise! – auch das Bewußtsein erlöschen. Irgendein Fortleben über den Tod hinaus sei daher ausgeschlossen, undenkbar. Aber diese Schlußfolgerung aus dem Tod des Gehirns ist nicht zwingend; der Obersatz, die Identität von Gehirn und Bewußtsein, ist heute erschüttert – man kann diese Identität nicht mehr als wissenschaftliches Faktum bezeichnen. Die Frage nach der Seele ist in ein neues Stadium getreten, nicht zuletzt durch interdisziplinäre Zusammenarbeit zwischen Neurophysiologie und Philosophie.

Einen Meilenstein in dieser Entwicklung bildet das Gemeinschaftswerk »Das Selbst und sein Gehirn«; es hat zwei Autoren: den Neurophysiologen J. C. Eccles, Nobelpreisträger, und den Philosophen C. R. Popper, der als bedeutender Vertreter der positivistischen Richtung gilt, »metaphysischer Verschwommenheiten« unverdächtig[10]. Angelpunkt der Darlegungen ist der Werkzeugcharakter des Gehirns: das Bewußtsein hat in dem Gehirn sein körperliches Instrument, so daß beiden eine relative Selbständigkeit zukommt[10a]. Das Ende des Gehirns bedeutet daher keineswegs denknotwendig auch das Ende des Bewußtseins. Insofern muß der Neurophysiologe als Wissenschaftler die Frage offenlassen, ob das Selbst den Tod des Gehirns überleben kann oder nicht – mag er sie, als persönliche Überzeugung, verneinen oder bejahen. Eccles: »Was wird aus unserem Bewußtsein nach dem Tode des Gehirns? Sein wundervolles Instrument zerfällt und spricht auf sein erkennendes Darüberstreichen nicht mehr an. Wird sich das Selbst dann in anderer Erscheinungsform wieder erneuern? Diese Frage liegt außerhalb dessen, was Wissenschaft zu wissen vermag, und ein Wissenschaftler sollte sich daher hüten, hier vorschnell ein endgültiges Nein auszusprechen.«[10b]

Mag auch der Theologe, wie Josef Kardinal Ratzinger zu diesen Ausführungen anmerkt, von noch so vielen Seiten Widerspruch finden, wenn er im Sinn der christlichen Überlieferung für die Unsterblichkeit der Seele eintritt – »philosophisch oder naturwissenschaftlich Unsinniges, Unvertretbares behauptet er damit nicht«[11].

Sämtliche Texte dieses Bändchens (auch die aus der jüdischen Tradition stammenden) sind nur verständlich auf der Grundlage des Glaubens, daß der Tod den Menschen nicht völlig vernichtet, daß sein eigentliches Selbst weiterlebt, wenn auch unter veränderten Daseinsbedingungen, in einer Sphäre, die sich mit der irdischen Lebenssphäre nur analog vergleichen läßt. Die Texte lassen aber gleichzeitig keinen Zweifel daran, daß der Sterbende den Tod wie eine Art Vernichtung erlebt. Die Seele trennt sich vom Leib (und das heißt »sterben«) – und das ist kein harmloses Geschehen. Es ist, als würde man zerrissen, als stürzte man ab ins Bodenlose. Der Mensch ist nicht einfachhin eine unsterbliche Seele, die während dieser Lebenszeit in einen irdischen Leib eingekerkert war und im Sterben endlich aus diesen Ketten des Vergänglichen befreit wird. Das wäre »Dualismus«! Der Mensch ist wesenhaft Leib-Seele: durchseelter, durchgeistigter Leib, eingeleibte Seele. Der entseelte Leib auf der Totenbahre: das ist die »sterbliche Hülle«, die zurückbleibt, wenn die Seele sich aus ihm zurückgezogen hat. Aber die »entleibte Seele«: ist nicht auch sie auf schauererregende Weise *Relikt* der anderen Wesenshälfte beraubt, entblößt nämlich jener Leiblichkeit, ohne die die menschliche Geist-Seele ihr Menschenwesen nicht verwirklichen kann? *Beraubung* ist freilich ein zu scharfes Wort. Es ist kein Verlust auf immer, mehr eine zeitweilige Distanzierung, Trennung auf Zeit – für eine Zeit, die anders als unsere physikalisch langzerdehnte Zeit möglicherweise unendlich komprimiert ist (»Vor Gott sind tausend Jahre wie ein Tag!«). Jedenfalls sind unsere Texte einmütig auch darin, daß die Auferstehung des Leibes wesentliches Element jener Glaubenshoffnung ist, die sich in ihnen widerspiegelt. Mag die letztendliche Vereinigung der Seele mit ihrem „verklärten«, vergeisteten Leib noch so unvorstellbar sein vor unserem Erfahrungshorizont – die Idee allein schon ist die klarste Gegenposition zum Dualismus.

Auf dieser geistigen Basis sollte man auch heute noch unbesorgt von *Seele* und ihrem Fortleben nach dem Tod sprechen dürfen. Irgendeinen Ausdruck braucht man ja, um das durch den leiblichen Tod nicht Zerstörbare vom materiehaft Verweslichen im Menschen zu unterscheiden. Soll man besser sagen »das eigentliche Selbst«, das »Ich«, die »unzerstörbare Person«? Das bringt philosophisch nicht weniger Probleme mit sich als die hergebrachte Bezeichnung »Seele« – und *die* ist wenigstens in einem viele Jahrhunderte währenden Denkprozeß (aufgipfelnd in der Theologie des Heiligen Thomas von Aquin) aufs subtilste durchgeklärt worden. Gäben wir das Wort *Seele* völlig auf, um es durch andere Ausdrücke, uns heute spontaner ansprechende, zu ersetzen, so würden wir in Bälde unsere eigene Tradition nicht mehr verstehen können: weder die Gebete der Liturgie noch die Texte der Mystiker, die Schriften der Kirchenväter nicht und auch nicht die Spiritualität und Askese der Heiligen.

Die »Seele«, von der in unseren Sterbetexten die Rede ist, ist weder der dualistische Antipode des Leibes noch jene »Psyche«, die die Psychologen mit den Methoden ihrer Wissenschaft analysieren. Christliche Kunst hat dem Geheimnis der Seele Gestalt verliehen auf alten Darstellungen des Todes Mariens, der »Entschlafung Mariens«, wie die östliche Tradition sagt. Da sieht man Maria auf dem Totenbett, umringt von den Aposteln; im Zentrum des Bildes steht Christus selbst und hält Maria in den Händen oder trägt sie auf den Armen. Es sind die gleichen Züge wie bei der Entschlafenen auf dem Totenbett – nur ist Maria auf Jesu Armen klein wie ein Kind. Es ist die innere Gestalt, so könnte man sagen, die Wesensgestalt, die nun ans Licht gekommen ist. Nun sind die Rollen vertauscht. Jetzt ist es nicht mehr Maria, die als Mutter Jesus trägt, schützt und umsorgt – jetzt darf sie ruhen, wird gehalten und getragen von ihm – »Ewige Ruhe«!

Die Gestalt Mariens meint niemals Maria allein. Man würde weder die Liturgie der Marienfeste noch die Mariendarstellungen in altchristlicher und mittelalterlicher Kunst verstehen, begriffe man nicht, daß Maria immer zugleich alle und jeden repräsentiert: die Kirche als ganze wie auch das Ich des Glaubenden. Insofern ist, was auf den alten Bildern des Marientodes zur Darstellung kommt, nicht nur ein »marianisches Privileg«. Der heilige Ambrosius (einer der großen lateinischen Kirchenväter) schreibt in seinem Buch »Vom Segen des Todes«:

»Nicht bloß im Augenblick, da die Seele aus dem Leibe scheidet, ruht sie in Gottes Hand, sondern auch während sie noch im Leibe weilt. Du freilich siehst nicht, woher sie kommt, wohin sie geht. Deine Seele ist in dir, doch ist sie auch mit Gott vereint... Ist aber die Seele in Gottes Hand, so kann sie auch nie im Grabe mit dem Leibe eingeschlossen, nie mit ihm verbrannt werden. Sie erfreut sich vielmehr nach dem Hinscheiden seliger Ruhe.«[12]

Und so ist es letztlich Gottes Hand, in der die Seele ruht, die ihr ihre Unzerstörbarkeit garantiert. »Unsterblichkeit« der Seele – das ist ein Problem philosophischer Natur. Die hier abgedruckten Texte haben eine andere Basis. Sie sind nur zu verstehen aus dem Innenraum des Glaubens, wo es nichts zu demonstrieren gibt und wo argumentative Auseinandersetzungen mit Nichtglaubenden unnütz und überflüssig wären. Der *Glaube* hat nichts zu beweisen; er kann sich nur be-zeugen. Und auf diesem Weg vielleicht in dem noch Suchenden den gleichen Glauben »zeugen«. Dann nämlich, wenn dessen Seele gleichsam auf jener Frequenz empfänglich ist, in der sich diese Botschaft vermittelt. Vielleicht wäre die Seele sogar durchaus auf diese Frequenz eingestellt, und der Empfang ist »nur gestört«. Das ist wohl bei vielen Menschen heute der Fall. Sie haben, befangen in den Denkklischees unserer Zeit, bestimmte Denkschwierigkeiten und Denkhemmungen. *Die* auszuräumen ist eine der wesentlichen Aufgaben heutiger theologischer Wissenschaft. Texte, wie sie hier geboten werden, können so etwas nicht leisten. *Wollen* es auch nicht. Sie wollen den Glauben nicht rechtfertigen, sondern bezeugen ihn. Daß Sterben »heimgehen« bedeutet, wird nicht erst begründet. Wohl aber werden Orientierungen geboten für diesen Weg.

Diese Orientierungen decken sich weitgehend mit den Wegweisungen für das irdische Leben. Kein Wunder! Der Heimgang hat ja längst begonnen; der Tod signalisiert lediglich eine besonders entscheidende – und damit auch schwierige und kritische – Phase.

An den jüdischen Sterbegebeten besticht, daß sie einfach aus Bibelworten zusammengestellt sind, vornehmlich aus Psalmversen. Es geht jetzt um nichts anderes, als worum es immer schon ging. Und es geschieht auch nichts anderes, als was im wesentlichen immer schon geschah auf dem Pilgerweg nach Jerusalem: Aufstieg zum Heiligtum, um Gott anzubeten, ihn zu loben, ihm zu danken. Denn die Stadt auf dem Sion, das Jerusalem der Psalmen, ist eine himmel-irdische Wirklichkeit. Worauf der gläubige Jude sich in allen Strapazen und Gefahren seines irdischen Weges verlassen hatte – Gottes Treue! –, darauf setzt er auch nun in den Fährlichkeiten des letzten Wegabschnitts seine einzige Hoffnung. Was nicht bedeutet, daß er auf das, was ihn hier ängstigen und bedrängen kann, fixiert wäre! Seine ganze Freude an Gott bricht elementar in ihm auf. Nun gelangt die Pilgerreise in ihr definitives Stadium. Nun wird sie zur Heimkehr für immer. Nun steht der »Geliebte« vor der Tür. – Und so tauchen in diesen Sterbegebeten Verse aus dem Hohenlied auf, aus dem »Lied der Lieder«. Es ist *das* Lied schlechthin, besingt es doch im Bild einer irdischen, einer glühend-erotischen Liebe die Liebe zwischen Gott und seinem Volk, zwischen dem Schöpfer und seinem Geschöpf, zwischen Gott und der Seele. Die Stunde der Hochzeit naht.

Der eine, der da stirbt, ist jetzt so wichtig wie Ganz-Israel (wie die Gesamtheit der Kirche! – nach christlichem Verständnis). Was allen gilt, gilt nunmehr insbesondere ihm. In dem einen, der jetzt zu seinem Schöpfer heimkehrt, erfüllt sich der Sinn der Schöpfung und das Ziel der Erlösung. Das ist gemeinsamer Tenor unserer jüdischen und christlichen Texte.

Besonders dramatisch wird dieser Gedanke in der »Anbefehlung der Seele« nach dem Rituale Romanum gestaltet. Wenn es im Credo, dem Großen Glaubensbekenntnis, von Christus heißt: »Propter nos homines... – Wegen uns Menschen und um unseres Heiles willen ist er vom Himmel herabgestiegen«, so wird das hier nun ganz konkret, ganz individuell auf den Sterbenden hin realisiert. Auch um seinetwegen hat Gott dieses ganze unbegreifliche Heilswerk in Gang gesetzt. Niemals wie in diesem Augenblick steht der einzelne Mensch, dieser eine hier, namentlich, persönlich im höchsten Sinn, derart im Mittelpunkt. Jetzt, da er stirbt, dreht sich alles um ihn. Die Engel und Heiligen des Himmels werden herbeigerufen: sie sollen ihm entgegenziehen, ihm das Geleite geben. Und kein Engel, kein Prophet, keiner der Apostel, Märtyrer und Heiligen wird sagen können: *So* viel geht mich diese Sache nichts an! Es ist wie ein Fest. »Hatte der Sterbende seinen letzten Atemzug getan, so sang oder betete die seinen Heimgang tragende Gemeinschaft früher den Psalm 113: In *exitu* Israel de Aegypto *(beim Auszug – Exitus – Israels aus Ägypten)*, den ersten Osterpsalm, in dem der Aufbruch des Gottesvolkes aus dem Land der Knechtschaft hinüber zum Gelobten Land hymnisch gefeiert wird. Es geschah wirklich nicht nur des Eingangsverses wegen – in exitu –, daß man diesen Psalm hier geeignet fand; denn man ließ auch die anderen Osterpsalmen nachfolgen: 114–117. Jetzt ist eben Passah für den Scheidenden, Ostern im alten Sinn des ›Hinübergangs‹.«[13]

Bevor der Aufbruch gelingt – wenn die Seele kämpft und sich nicht lösen kann –, da ist freilich Agonie und kein Fest. Ausgerechnet die österlichste unter allen Kirchen, die Ostkirche, läßt in der byzantinischen Sterbeliturgie der Angst und dem Grauen des armen Menschen den breitesten Raum. Mag einer noch so oft in seinem Leben in der Osternacht »Christi Auferstehung geschaut« haben (wie es am Schluß der von rauschendem Jubel erfüllten Osterfeier heißt) – jetzt, da es an sein Sterben geht, wird er vielleicht doch von Entsetzen geschüttelt. Was er selbst nicht mehr aussprechen, nicht mehr ausdrücken kann, artikulieren die Beter, die um das Sterbebett versammelt sind. Sie leihen den Ängsten des Sterbenden die Stimme. Dann kann er – vielleicht! – sein Ohr den Tröstungen des Glaubens öffnen.

Man wundert sich, wie drastisch die christlichen Sterbegebete die scheidende Seele vom Teufel bedroht sehen, von bösen Geistern, von Dämonen. Sind das bloße Überbleibsel aus einem mythologischen Weltbild? Tatsache ist, daß Sterbende oft unheimliche Erscheinungen zu sehen glauben, wie Teufel, die darauf lauern, sich ihrer Seele zu bemächtigen. Solche Schreckenserfahrungen bleiben auch Heiligen nicht erspart. Handelt es sich um echte Erscheinungen oder um die verständlichen Halluzinationen eines Sterbenden? Therese von Lisieux, die zeit ihres Lebens keine Teufelsängste kannte (»Der Teufel ist nicht für die kleinen Kinder da!«), muß als Todkranke irgend etwas gesehen haben, was sie so ängstigte, daß sie flehentlich bat, Kerzen zu entzünden und das Krankenzimmer mit Weihwasser zu besprengen.

»Man erzählte vom Altvater Joseph in Panepho: Als er im Sterben lag und die Alten herumsaßen, schaute er scharf auf die Tür und sah den Teufel an der Tür sitzen. Darum sprach er zu seinem Schüler: ›Bring einen Stab. Denn der da meint, weil ich alt geworden bin, vermöchte ich nichts mehr gegen ihn.‹ Wie er den Stab in die Höhe hielt, sahen die Greise, wie jener sich wie ein Hund durch die Türe zwängte und unsichtbar wurde.«[14]

Auch Martin Luther rät dem Sterbenden, den Teufel erst gar nicht zur Tür hereinzulassen; er gibt überhaupt höchst spirituelle Ratschläge, wie der Christenmensch, wenn sein letztes Stündlein naht, sich der andrängenden Todesängste, Sündenängste, Teufels- und Höllenängste erwehren könne. Wie soll man die Erfahrungstatsache erklären, daß Sterbende sich oft von Teufeln und Dämonen verfolgt und bedroht fühlen? In der Tiefenpsychologie Jungscher Richtung spricht man von »autonomen seelischen Inhalten«. Es gibt so etwas wie »psychische Dämonen«, sagt C. G. Jung: man erlebe sie als Mächte, die dem Ich gegenüberstehen – so deutlich gegenüber, daß das Ich mit ihnen in Konfrontation geraten könne. Auch die »Engel« sind nach Jung autonome psychische Inhalte: das Ich könne sogar in voller seelischer Wirklichkeit »du« zu seinem Engel sagen; ja es habe überwältigende psychische Auswirkungen (verwandelnde, befreiende, erlösende), wenn einer auf solche Weise seinem Engel begegne, in Verehrung und Hingabe[15].

Sind Engel oder Teufel *nur* autonome seelische Inhalte? C. G. Jung ist Psychiater, und die Grenzen der Naturwissenschaft sind ebenso eng wie streng. Als Psychiater fühlt sich Jung nur kompetent für psychische Phänomene. Die Frage, ob den von ihm erforschten seelischen Erscheinungen ontische, seinsmäßige, metaphysische Realitäten zugrunde liegen, stehe ihm nicht zu. Als Naturwissenschaftler könne er eine solche Frage niemals bejahen, könne sie aber aus der Kompetenz der Wissenschaft auch nicht verneinen. »Das ist Sache der Theologie, der Offenbarung und des Glaubens«, erklärt Jung entschieden[16].

Nun: die Heiligen *leben* spirituell in der Dimension der Offenbarung und des Glaubens. Daß es Engel gibt und Teufel, ist für sie weit mehr als ein Theorem, es ist ihnen erfahrbare und erfahrene Realität. In allen großen Religionen sehen die Erleuchteten mehr, als normale Menschen sehen; sie sehen und hören, was über-sinnlich ist. Dabei fehlt es gerade den christlichen Heiligen nicht an gesunder Skepsis und Selbstkritik. Sie waren sich bewußt, wie schwer es ist, wirkliche Erscheinungen von bloßen Truggespinsten zu unterscheiden. »Die Altväter sagten: Wenn dir auch *in Wahrheit* ein Engel erschiene, nimm ihn nicht leicht auf, sondern verdemütige dich und sage: Ich bin nicht würdig, einen Engel zu schauen, weil ich in Sünden lebe.«[17] Und dieser Spruch ist immerhin rund anderthalb Jahrtausende alt! Wir können in jener frühen Zeit nicht das Vokabular unserer heutigen Wissenschaft erwarten, sehen aber, daß man durchaus jene Tatsache aus Erfahrung kannte, die wir heute »Projektion« nennen. Nur daß man – offenbar ebenfalls aus Erfahrung – sich noch einer ganzen Reihe weiterer Tatsachen bewußt war.

»Tatsachen«, die möglicherweise einem Sterbenden plötzlich wahrnehmbar werden können, so daß er wirklich »Teufel« sieht, die ihn bedrohen, »Engel«, die ihn schützen, längst verstorbene Verwandte oder Freunde, die ihn abholen kommen? Der Danebenstehende wird niemals unterscheiden können, ob es sich um echte Erscheinungen handelt oder bloß um Halluzinationen. Daß der dem Tode Nahe in dem psychischen Ausnahmezustand, in den er zunehmend hineingerät, schließlich zu halluzinieren beginnt, würde niemanden wundern. Umgekehrt wäre es immerhin auch möglich, daß er in seiner immer ex-zentrischer werdenden seelischen Verfassung übersinnliche Wahrnehmungskräfte entwickelt, über die er nie zuvor verfügt hatte.

Teufel und Dämonen passen nicht in unser naturwissenschaftliches Weltbild. Die Sterbeliturgien basieren auf einem geistigen Weltbild; für sie ist es nicht absurd, mit »Wesenheiten« zu rechnen, die den Menschen verderben wollen. Muß das schädliche Auswirkungen auf die Psyche haben? Wird sie dadurch in unheilvolle Ängste hineingetrieben? Der Kirchenvater Athanasios beschreibt in seinem »Leben des heiligen Antonios« die schaurigen Dämonenkämpfe des Wüstenvaters mit dem eindeutigen Ziel, den Gläubigen von Dämonenfurcht zu befreien. In dieser Beziehung herrscht eine gewisse Parallele zum Tibetanischen Totenbuch: auch dort wird ein Schreckensinszenarium grausiger Dämonen entworfen, damit die Seele alle Furcht überwinde. Im Totenbuch freilich geht es darum, teuflische Erscheinungen als reine Ausgeburten der eigenen Psyche zu begreifen. Athanasios will etwas anderes lehren: Wer in Christi Hut ist, dem können alle Teufel der Welt nichts anhaben. Dabei vermeidet der berühmte Kirchenvater durchaus die Gefahr, Erscheinungen von Teufeln und Dämonen völlig zu objektivieren. Nach ihm spielt sich das alles in einem eigentümlichen Zwischenbereich ab, auf einer Wirklichkeitsebene, die weder »rein psychisch« ist noch »real« in dem Sinn, daß die Phänomene völlig unabhängig von der Psyche wären. In den dämonischen Schrecknissen spiegele sich wider, wie es innen in der Seele ausschaut: »Wenn die Dämonen erscheinen, verhalten sie sich so gegen uns, wie sie uns antreffen, und nach den Gedanken, die sie in uns finden, gestalten sie ihre Trugbilder. Was wir von uns selbst denken, das vergrößern sie. Wenn sie uns furchtsam und feige sehen, dann vermehren sie die Mutlosigkeit durch ihre Erscheinungen und Drohungen, und die arme Seele wird damit gefoltert. Wenn sie uns dagegen freudig im Herrn finden, dann wenden sie sich beschämt ab.«[18]

Im Kraftfeld Christi wird der allgewaltige Teufel zu einem leicht besiegbaren Schwächling! Das gibt den christlichen Sterbegebeten ihre Zuversicht, so realistisch sie auch damit rechnen, daß die vom Leib gelöste Seele auf ihrem letzten Weg durch eine Zone dämonischer Bedrohung hindurchmüsse. Aber die Seele ist ja nicht allein. Wie von einer Leibwache ist sie von Engeln umringt. Jetzt erlebt sie die Wahrheit des 90. Psalms, sozusagen die Probe aufs Exempel. »Er entbietet für dich seine Engel. Sie tragen dich auf ihren Händen.« Ja Michael selbst, der »Fürst des Paradieses«, wird (auf Grund von Jud. 9) in den Sterbe- und Totengebeten als »Psychopompos« angerufen, als Geleiter der Seelen, Totengeleiter, der sie heil zum himmlischen Paradies bringt. Michael eben, dessen Name schon (»Wer ist wie Gott?«) den Sieg über den »Drachen«, die Entlarvung seiner Macht als Scheinmacht verbürgt.

Aber auch die gewaltigsten Engel sind nur Vollstrecker

eines höheren Willens. Und so malte man in den frühchristlichen Begräbnisstätten der Katakomben immer wieder den Guten Hirten an die Wand, wie er auf seinen Schultern das Schaf in die himmlische Hürde heimträgt: er ist der eigentliche Totengeleiter – der Gute Hirt, der nicht flieht, wenn der Wolf kommt, sondern »sein Leben gibt für seine Schafe«. Die außerordentliche Häufigkeit dieses Bildmotivs in der altchristlichen Kunst hängt damit zusammen, daß diese Kunst weitgehend Grabkunst war[19]. Und in der Tat: welche Sterbeermutigung mußte von einem solchen Bild ausgehen, wenn man es nur tief genug der eigenen Seele ein-bildete! Christus selbst trägt die abgeschiedene Seele hinüber wie der Hirt das Lamm auf seinen Schultern. »Meine Schafe werden in Ewigkeit nicht verlorengehen, und niemand wird sie meiner Hand entreißen« (Joh. 10,27f.). Er trägt sie nicht nur auf den Schultern, nicht nur in der Hand! Er hat sie sich selbst eingeleibt: der »Leib des Herrn«, der dem Sterbenden als *Wegzehrung*, als Viatikum, gereicht wird.

Aber freilich: der Gute Hirt – er ist auch der Richter, wie umgekehrt der Richter nicht aufhört, der Gute Hirt zu sein. Diese geheimnisvolle Identität von Strenge und Erbarmen, von Richten und Retten, von »strafen« und »erlösen« strahlt in Kardinal Newmans »Traum des Gerontius« in einem Licht auf, das nicht nur erhellt, sondern auch das Herz erwärmt. In einem Traum schaut der »alte Mann« (das nämlich heißt »Gerontius«) seinen eigenen Tod und das Schicksal seiner Seele danach. Eine Dichtung, gewiß, und doch nicht einfach ein Produkt von Phantasie und Erfindung. Henry Newman, einer der größten Theologen des 19. Jahrhunderts, gestaltete in seinem Gerontius authentische Traditionen der christlichen Überlieferung – von ihren Ursprüngen in Bibel und Kirchenväterlehre her. Richtiger müßte man sogar sagen: sie gestalteten sich in ihm! Der Traum des Gerontius ist auf höchst eigentümliche Weise entstanden, »auf dem Weg der Inspiration, ja der Vision, so daß das Werk urplötzlich wie von selbst dastand, scheinbar ohne jede Vorbereitung und ohne alle Antezedentien«[20]. So, als wäre Newman nur der Durchgangskanal gewesen! Tatsächlich dachte er hinterher auch gar nicht mehr daran! Das kleine Werk wäre im Papierkorb gelandet, hätte nicht ein Freund seinen Wert erkannt und es gerettet.

Der Traum beginnt mit den Schrecknissen des Sterbens und dem wahrhaft befreienden, erlösenden Augenblick des Todes. Der große Weg beginnt. Behütet vom Schutzengel, wenn auch zwischendurch bedroht von Dämonen, gelangt die Seele schließlich vor das Angesicht des himmlischen Richters. Der Weg endet (vorläufig!) im Purgatorium. Und das ist ein gutes Ende! Das Purgatorium hat nichts von jenem finsteren Strafcharakter, den wir unwillkürlich mit »Fegfeuer« verbinden, wie das Purgatorium nicht gerade glücklich in deutscher Sprache genannt wird. Nach Newmans »Traum« ist das Purgatorium als Läuterungsstätte ein wesentliches Moment der Jenseitshoffnung, Chance, nicht Bedrohung! Wie der Baum fällt, so liegt er? Nein, so ist der Tod nach katholischer Tradition nicht; er ist nicht einem Holzfäller gleich, sondern gibt die Brücke frei zur letzten Verwandlung, zur endgültigen Vollendung. Auch Gerontius, der alte fromme Mann, ist unfertig, als der Tod ihn ereilt. Aber es gibt eine Chance für ihn, drüben doch noch ganz *der* zu werden, der er hätte werden sollen. Er wird gerichtet, erhellt bis in sein Allerdunkelstes hinein, sieht sich zum erstenmal, wie er wirklich ist. Und gerade darum erkennt er im Urteilsspruch des Richters die Gnade seines Erlösers. Nun wird doch noch alles Verlangen seines Lebens nach dem Guten erfüllt werden. Das Sehnen seines Herzens wird nicht ungestillt bleiben. Wie willkommen sind ihm nun die reinigenden Fluten des Purgatoriums, wie bereitwillig läßt er sich aufnehmen in jenes geheimnisvolle Spital, aus dem am Ende *jeder* Patient (jeder der hier »Duldenden«) vollkommen geheilt entlassen werden kann.

Als Newman seinen Traum des Gerontius niederschrieb, trennten ihn noch mindestens anderthalb Jahrzehnte von seinem eigenen Tod im Jahre 1890. Wie lebendig muß zu Lebzeiten in ihm das Mysterium des Todes gewesen sein!

Und gerade darauf kommt es an, mitten im Leben mit dem Tod vertraut zu werden, die Ars moriendi, die Kunst des Sterbens, rechtzeitig zu erlernen – zu welchem Zweck das fromme Mittelalter eine ganze Flut von Sterbeanleitungen hervorgebracht hatte. Wenn nämlich der Tod unmittelbar vor der Türe steht, könnte es zu spät sein, sich mit ihm auseinanderzusetzen. Dann kann sogar eine gewisse Verdrängung sinnvoll sein. Luther jedenfalls rät, mit dem unmittelbar dräuenden Tod sich nicht mehr Aug in Aug zu messen. Wenn der Tod vor der Tür steht, dann soll man den Blick des Herzens ausschließlich auf Gott konzentrieren und durch nichts in der Welt sich aus dieser Blickrichtung abbringen lassen.

Das ist Weisheit. Das ist Lebenserfahrung – wie sie sich auch in dem Wort der Heiligen Therese von Lisieux widerspiegelt: »Ich bin wie mit verbundenen Augen. Was man mir über die Nähe meines Todes sagt, dringt nicht mehr in mich ein. Der Liebe Gott will zweifellos, daß ich mich jetzt nicht so damit beschäftigen soll, wie ich es vor dem Krankwerden tat. Damals war der Gedanke mir nötig und sehr nützlich, das habe ich wohl gefühlt. Aber heute ist es gerade umgekehrt: Er will, daß ich mich wie ein ganz kleines Kind ausliefere, das sich keine Sorgen darüber macht, was man mit ihm anfangen wird.«[21]

1 Die Sagen der Juden, neu herausgegeben von Emanuel bin Gorion, Insel-Verlag, Frankfurt a. M. 1962, S. 533ff.

2 Therese vom Kinde Jesus, Selbstbiographische Schriften, Johannes-Verlag, Einsiedeln. 4 1962, S. 219.

3 Therese, a.a.O. S. 219.

4 Sainte Thérèse de l'Enfant Jésus, manuscrits autobiographiques, Carmel de Lisieux, S. 252. Therese, a.a.O. S. 221.

5 Aussage von Mutter Agnès de Jésus. Zit. nach Ida Friederike Görres, Das verborgene Antlitz – Eine Studie über Therese von Lisieux, Verlag Herder, Freiburg i. Br. 2 1946, S. 448.

6 Zit. nach I. F. Görres, a.a.O. S. 472.

7 Therese, a.a.O. S. 222.

8 Wilhelm Nyssen, Maria – Geisterfüllte Kirche, Matthias-Grünewald-Verlag, Mainz 1979, S. 11.

9 Therese, a.a.O. S. 222.

10 C. R. Popper – J. C. Eccles, The Self and its Brain, Berlin – Heidelberg – London – New York 1977. Zit. nach Josef Kardinal Ratzinger, Zwischen Tod und Auferstehung, Internationale katholische Zeitschrift 9 (1980) S. 219.

10a Darstellung nach Ratzinger, a.a.O. S. 219.

10b J. C. Eccles, Hirn und Bewußtsein, in: Mannheimer Forum 77/78, S. 9 bis 65. Zit. nach Ratzinger, a.a.O. S. 219f.

11 Ratzinger, a.a.O. S. 220.

12 Texte der Kirchenväter – Nach Themen geordnet, Bd. I, München 1963, S. 694.

13 Eugen Walter, Selig, die im Herrn sterben, Matthias-Grünewald-Verlag, Mainz 1962, S. 49f.

14 Weisung der Väter – Apophthegmata Patrum, eingeleitet und übersetzt von Bonifaz Miller, Lambertus-Verlag, Freiburg i. Br. 1965, Nr. 394.

15 C. G. Jung, Zur Psychologie westlicher und östlicher Religion, Walter-Verlag, Olten. 2 1973, S. 657ff.

16 Jung, a.a.O. S. 661.

17 Weisung der Väter, a.a.O. Nr. 1075.

18 Des heiligen Athanasius »Leben des heiligen Antonius«, übersetzt von Hans Mertel. Bibliothek der Kirchenväter, Kempten – München 1917, S. 730.

19 Johannes Quasten, Der Gute Hirte in frühchristlicher Totenliturgie und Grabeskunst, in: Miscellanea Giovanni Mercati, Bd. I, Città del Vaticano 1946, S. 373ff.

20 Theodor Haecker in der Einleitung zu: John Henry Kardinal Newman, Der Traum des Gerontius, Verlag Herder, Freiburg i. Br., S. 4.

21 Zit. nach I. Fr. Görres, a.a.O. S. 473.

ES IST DER TOD
EIN HEILSAM DING

Tod, schleudere mich nicht in dein Feld,
bevor ich guter Weizensame geworden bin.
Gott, laß mich nicht vor dein Angesicht kommen,
ehe ich heilig geworden bin.
Von einem Augenblick zum andern
werde ich von hundert Winden umhergetrieben.
Mal bin ich im Himmel, mal in der Tiefe des Abgrunds.
Ein Sünder ist sich seiner Schuld bewußt,
er leidet Schmerzen der Reue
und tut Buße.
Ich aber bin weder völlig schlecht noch völlig gut,
nie ganz gottlos, nie ganz gerecht,
sondern mitten dazwischen.
Meinem Vergehen folgt eilig Buße,
aber der Bekehrung auch schnell neue Sünde nach.
An einem einzigen Tag ändere ich mich tausendmal;
und wie ein Rad
drehe ich mich unaufhörlich.
Unkraut ist mit meinem Weizen vermischt und Spreu,
und der gute Same
ist mitten unter Dornen auf dem Acker deines Knechts.
Ständig schwanke ich
zwischen knechtlichem Sinn und der Beherztheit des Freien.
Mal bin ich ein König mit dem Diadem,
dann wieder ein elender Bettler.
Bald bin ich Herr der Seele,
bald Sklave des Leibes, ihres Gefährten.

Niemandem außer dir, o Gott,
spreche ich von meiner Not!
Nur nach dir verlange ich
und nach deiner Barmherzigkeit!
Du, dem Lebende und Tote
in gleicher Weise gehören,
laß mich nicht in meinen Sünden sterben.
Herr, verwandle erst meine Ähre in Brot,
dann mag der Schnitter kommen.
Fülle erst meine Traube mit Wein,
dann mag der Winzer sich nahen.

Isaak von Antiochien, (5. Jh.)

»ICH WERDE NICHT STERBEN, SONDERN LEBEN«

Wenn der Tod nicht wäre, würde die Sünde nimmer untergehen; darum wird eben damit der Sünde endlich gewehret, und ist sonst kein Rat, sie loszuwerden. Solche gnädige und heilsame Strafe gibt er uns, daß die Sünde durch den Tod erwürget werde. Darum sollten wir solchs mit Freuden aufnehmen und tragen als von einem gnädigen Vater, wie denn auch tun die Gläubigen. Denn so gut ist der Vater, daß auch der Tod muß dienen, zu töten und auszurotten alles Unglück.

Derhalben der Tod nun nichts ist denn lauter Gnade, ja ein Anfang des Lebens. Denn nachdem er machet, daß die Seele geneset, so muß das leibliche Wesen, was da ist Krankheit, Fährlichkeit, Mühe und Arbeit, alles dienen zum Besten, das nicht besser zu wünschen wäre.

Denn Adam, der muß sterben und verwesen, ehe denn Christus ganz erstehe; und das hebet an das bußfertige Leben, und wird vollbracht durch das Sterben. Darum ist der Tod ein heilsams Ding allen denen, die an Christum glauben; denn er tut nichts anders denn verweset und zerpulvert alles, was aus Adam geboren ist, auf daß Christus alleine in uns sei.

+

Wenn das Stündlein kommt, da unser Tun und Werk aufhören muß, und wir nicht länger allhier zu bleiben haben und diese Disputation angehet: Wo nehme ich nun eine Brücken oder Steg, der mir gewiß sei, dadurch ich hinüber in jenes Leben komme? Wenn man dahin kommt (sage ich), so siehe dich nur nach keinem Wege um, so da heißen menschliche Wege und unser eigen gut, heilig Leben oder Werk; sondern laß solchs alles zugedeckt sein mit dem Vater-Unser und drüber gesprochen: »Vergib uns unsere Schuld« – und halte dich allein zu diesem, der da sagt: »Ich bin der Weg«, und siehe, daß du dies Wort alsdann fest und tief eingebildet habest und also, als höretest du Christus gegenwärtig dir sagen: Was suchest du nach anderen Wegen? Hierher auf mich mußt du sehen und bleiben und dir keinen andern Gedanken lassen machen, wie du mögest gen Himmel kommen, sondern alles rein ab und weit aus dem Herzen gesetzt und nichts anderes gedacht, denn wie ich dir sage: »Ich bin der Weg.« Siehe nur, daß du auf mich tretest, das ist, halte dich mit festem Glauben und aller Zuversicht des Herzens an mich; ich will die Brücke sein und dich übertragen, daß du sollst in einem Augenblick aus dem Tod und der Höllenangst in jenes Leben kommen. Denn ich bin's, der den Weg oder Bahn selbst gepflastert und selbst gegangen und übergefahren bin, auf daß ich dich und alle, so an mir hangen, hinüberbringe; allein, daß du dich ungezweifelt auf mich setzest, frisch auf mich wagest und getrost und fröhlich dahinfahrest und sterbest in meinem Namen.

Martin Luther

Der TOD wird groß und schrecklich dadurch, daß die blöde[1], verzagte Natur dasselb Bild zu tief in sich bildet[2], zu sehr vor Augen hat. Dazu steuert nun der Teufel bei, auf daß der Mensch das gräßlich Gebärd und Bild des Tods tief betrachte, dadurch bekümmert, weich und zaghaft werde. Denn je tiefer der Tod betrachtet, angesehen und erkannt wird, je schwerer und gefährlicher ist das Sterben. Im Leben sollt man sich mit des Tods Gedanken üben und ihn zu uns fordern[3], wann er noch ferne ist und nicht treibt[4]. Aber im Sterben, wann er von selbst schon allzu stark da ist, ist es fährlich und nichts nutz. Da muß man sein Bild ausschlagen und nicht sehen wollen. Also hat der Tod sein Kraft und Stärke in der Blödigkeit unserer Natur[5] und in seinem unzeitigen Zu-viel-Ansehen oder -Betrachten.

Die SÜND wächst und wird groß auch durch ihr Zu-viel-Ansehen und Zu-tief-Bedenken. Dazu hilft die Blödigkeit unsers Gewissens, das sich selbst vor Gott schämt und greulich straft[6]. Da hat der Teufel denn ein Bad funden[7], das er gesucht; da treibt er, da macht er die Sünd so viel und groß, daß der Mensch abermals muß verzagen oder unwillig werden zu sterben. Denn die Sünd betrachten hat da kein Fug[8] noch Zeit, das soll man in der Zeit des Lebens tun.

1 Ängstliche – 2 sich einprägt – 3 uns vor Augen halten – 4 wegen seiner Nähe uns bedrängt – 5 Verzagtheit, Furchtsamkeit der Natur – 6 beschuldigt – 7 eine Falle gefunden, einen in Gefahr zu stürzen – 8 Recht, Berechtigung

Also verkehret uns der böse Geist alle Ding am Leben: da wir sollten des Tods, der Sünd, der Hölle Bild stetig vor Augen haben – wie Ps. 51,5 steht: »Mein Sünd sind mir allzeit vor Augen« –, da tut er uns die Augen zu und verbirget dieselben Bilder. Am Tod, da wir sollten nur das Leben, Gnad und Seligkeit vor Augen haben, tut er uns dann allererst die Augen auf und ängstet uns mit den unzeitigen Bildern, daß wir die rechten Bilder nicht sehen sollen.

Die HÖLLE wird groß und wächst auch durch ihr Zu-viel-Ansehen und hartes Bedenken zur Unzeit. Dazu hilft über die Maßen sehr, daß man Gottes Urteil nicht weiß. Dahin der böse Geist die Seel treibet, daß sie mit übrigem[9] unnützem Vorwitz erforschen soll göttlichen Rats Heimlichkeit. Hie übet der Teufel sein letzte, größte, listigste Kunst und Vermögen. Da hält er vor, wieviel Heiden-, Juden-, Christenkinder verloren werden, und treibt mit solchen gefährlichen und vorgegebenen Gedanken so viel, daß der Mensch, ob er sonst gerne stürb, doch in diesem Stück unwillig werde. Wer hie gewinnt, der hat die Höll, Sünd, Tod auf einen Haufen überwunden.

+

Nun muß man in diesem Handel[10] allen Fleiß anwenden, daß man dieser drei Bilder (Tod, Sünde, Hölle) keins ins Haus lade noch den Teufel über die Tür male; sie werden schon allzu stark hereinfallen und das Herz mit ihrem Ansehen, Disputieren und Zeigen[11] ganz und gar innehaben wollen. Und wo das

9 Überflüssigem – 10 in dieser Situation – 11 demonstrieren

geschieht, so ist der Mensch verloren und Gottes ganz vergessen; denn diese Bilder gehören gar nicht anders in diese Zeit (der Sterbebereitung), denn daß man mit ihnen fechte und sie austreibe. Ja, wo sie allein sind ohn Durchsehen anderer Bilder[12], gehören sie nirgends hin denn in die Hölle unter die Teufel.

Wer nun wohl[13] mit ihnen fechten will und sie austreiben, dem wird nicht gnug sein, daß er sich mit ihnen zerre und schlage oder ringe, denn sie werden ihm zu stark sein, und es wird ärger und ärger. Die Kunst ist's, ganz und gar sie fallenlassen und nichts mit ihnen handeln[14].

Wie geht aber das zu? Es geht also zu: Du mußt den Tod in dem Leben, die Sünd in der Gnaden, die Höll im Himmel ansehen und dich von dem Ansehen[15] oder Blick nicht lassen treiben. Wie soll man das tun?

Du mußt den TOD nicht in ihm selbst noch in dir oder deiner Natur, noch in denen, die der Tod überwunden hat, ansehen oder betrachten, du bist anders[16] verloren und wirst mit ihnen überwunden. Sondern (du) mußt dein Augen, deins Herzens Gedanken und alle deine Sinn gewaltiglich kehren von demselben Bild und den Tod stark und emsig ansehen nur in denen, die in Gottes Gnaden gestorben und den Tod überwunden haben, vornehmlich in Christo, darnach in allen seinen Heiligen[17]. Sieh, in diesen Bildern wird dir der Tod nicht schrecklich noch greulich, ja[18] verachtet und getötet und im Leben

12 Ohne Transparenz für andere Bilder sc. des Lebens, der Gnade, der Seligkeit – 13 mit Erfolg – 14 sich zu schaffen machen – 15 von dieser Betrachtungsweise – 16 sonst – 17 im Sinne des Neuen Testaments von den Gläubigen gebraucht – 18 sondern

erwürget und überwunden. Denn Christus ist nichts denn eitel Leben, seine Heiligen auch; je tiefer und fester du dir dies Bild einprägst und ansiehest, je mehr fällt des Tods Bild ab und verschwind von selbst, ohn alles Zerren und Streiten, und hat also dein Herz Fried und mag mit Christo und in Christo geruhig sterben.

Also mußt du dich um den Tod Christi allein bekümmern, so wirst du das Leben finden, und wo du den Tod anderswo ansiehest, so tötet er dich mit großer Unruhe und Pein. Darum sagt Christus: »In der Welt« – das ist auch in uns selbst – »werdet ihr Unruhe haben, in mir aber den Frieden.«

Martin Luther

Der Münsteraner Philosoph Peter Wust starb am 3. April 1940, sechsundfünfzigjährig, an Gaumenkrebs. Am Ende des Jahres 1937 hatte sich die verdächtige Wunde zum erstenmal gezeigt.

7. März 1938

Die ominöse Wunde am Gaumen ist im Heilen. Die Gefahr ist beschworen. Die Kunst der Ärzte hat mich vor dem Abgrund noch einmal zurückgerissen.

Übrigens: ich muß mich schämen. Denn ich habe eine Weile sehr gebebt vor dem Tode. Ist das der Sinn und das Ergebnis der Philosophie? Ist es nicht lächerlich, diese Feigheit vor dem Tode zu zeigen, wenn man geglaubt hat, ganz der Philosophie ergeben zu sein? Hieß nicht das letzte Wort von »Ungewißheit und Wagnis«: »Wenn du stille wirst, wird dir geholfen«? Allerdings, die Schmerzen waren etwas so Zermürbendes, daß ich zuweilen dankbar war, wenn durch Medikamente so eine halbe Einschläferung des Bewußtseins eintrat.

+

8. Oktober 1938

Die Operation soll im Laufe der Woche erfolgen. Wie soll ich es mir erklären, daß ich so feige zurückbebe vor Schmerzen und vor der Möglichkeit des Todes? Warum versagt alle Philosophie?

Dieses ganze Jahr 1938 war für mich ein einziger Traum. Ich verstehe nichts mehr von der Welt. Mir ist, als seien alle Kategorien des Denkens durcheinandergeraten. Ich komme mir vor, als sei ich in ein Irrenhaus geraten. Sollte es vielleicht doch so sein, daß ein *alogischer Rest* den eigentlichen Grundkern des Seins ausmacht? Zum mindesten verzweifele ich am Wesen des Menschen. Schon bei mir selbst muß ich ja feststellen, daß etwas nicht stimmt. Aber allmählich will mir einleuchten, daß es sich dabei um ein generelles Defizit handelt. In der *Wesenheit* scheint mir eine Unstimmigkeit zu sitzen. Aber wie kommt sie in diese hinein?

+

25. Januar 1939

Seit Weihnachten laboriere ich an einer neuen Krebsgeschwulst. Ich habe in einer Lebensbeichte meine Rechnung mit dem Himmel abgeschlossen und bin zu allem bereit. Es war schwer, in dieses *letzte Ja* einzuwilligen. – Allerdings, ich habe noch ein Fünkchen Hoffnung.

+

1. März 1939

Ich habe das Wintersemester noch glücklich zu Ende gebracht. Aber mein Oberkiefer sieht nicht gut aus. Ich habe auch viele und ununterbrochene Schmerzen. Alle meine Gedanken sind dabei, mein Ende in einer gewissen Frist zu erwarten (1940? – 1941?). – Ich bin noch nicht losgelöst von der Welt. Aber ich fühle es, daß der liebe Gott dafür sorgt. Dieser *absolute* Erzieher liebt nicht sentimental, nach den Maßen der »Welt«. Er liebt *absolut*. Seine Liebe ist hart, aber sie ist tief. O ich liebe diesen ewigen Erzieher so sehr. Ich weiß, Er allein ist redlich; Er allein ist objektiv. – Beten Sie jetzt viel für mich. Ich weiß nicht, wie die Dinge sich entwickeln können und wie lange es dann noch dauern wird. Aber ich bin auf alles gefaßt. Das Ende des Semesters war sehr schwer. Aber alles geht vorbei! Wie wunderbar ist für uns Sterbliche die *Zeit!* Die Ewigkeit wäre für uns hier eine Qual. Alle Philosophie ist ein kostspieliger Luxus – »sub specie crucifixi« (im Angesicht des Gekreuzigten!).

Der Räuber, der zur Rechten Jesu gekreuzigt worden ist: das ist die richtige Geschichte für Leute wie mich und meinesgleichen. Ihr, die ihr böse seid gleich mir: hieraus wollen wir allen Trost schöpfen. Wenn Sünder von Gerechtigkeit sprechen hören, klingt ihnen das so, als ginge es sie nichts an; hören sie eine Predigt über die Vollkommenheit, so schlafen sie ein. Kommt aber die Rede darauf, wie man von Sünden frei wird, dann wacht der Kleinmütige auf. Hier handelt es sich um seine Sache, das merkt er schon am Ton. Wie muß er sich da erst freuen über die Geschichte vom Räuber. Sie ist genau das Richtige für Gottlose und Sünder, sie rüttelt die arme Seele zur Buße auf und erfüllt mit Kraft das zerrüttete, von dunklen Leidenschaften aufgewühlte Herz. Wie milder Regen läßt sie den verdorrten Boden von neuem fruchtbar werden, der eingetrocknete Same wird feucht, die erstorbene Pflanze ergrünt von neuem. Weit öffnet sich die Tür: ein Weg zum Leben für jeden, der darin eingehen will, offen und frei.

Der Räuber ist zu einem Zeichen geworden. Und nicht unverdient wird er gekrönt: er ist würdig des Reiches, das ihm zugesagt wird. Niemand sage, daß er das Leben ohne Mühe errungen habe; vor der Tat, die er vollbracht hat, waren sogar die Apostel zurückgeschaudert. Mitten in der Katastrophe bewies er Starkmut wie ein Held. Als Simon Ärgernis nahm, als die Jünger flohen und sie versteckten, erhob er mutig seine Stimme zum Bekenntnis. Die stolze Reihe der Zwölf war verschwunden, und er allein machte sich auf, die

Lücke auszufüllen. Er allein kämpfte für die Wahrheit: als ihr Fundament selbst in den Auserwählten ins Wanken geriet, erhob der Glaube durch den Mund eines Räubers seine Stimme. Das Schiff des Apostolats wurde zum Wrack; da konnte der Kampf um Gerechtigkeit sich nur noch auf den Räuber stützen. Simon schwur: »Ich kenne diesen Menschen nicht« – ein Menschenmörder aber rief ihm zu: »Mein Herr!« Petrus, der Fels, fing an zu wanken, um sein eigenes Leben zu retten; der Verabscheuungswürdige aber fing an, aus ganzem Herzen zu glauben.

Der Messias hing am Kreuz: Schrecken ergriff die Schöpfung, Himmel und Erde wurden erschüttert, und die Chöre der Engel unterbrachen die Lobpreisung Gottes. Gabriel verstummte, und Michael schwieg. Lautlos standen die himmlischen Scharen und zitterten. Leise bewegten sie ihre Schwingen und versanken in Trauer. Überwältigt von Erstaunen, konnten sie keinen Laut hervorbringen; sie entsetzten sich über den Gekreuzigten, und ihre Lobgesänge gerieten durcheinander. Sie zogen sich in den Himmel zurück, und der König war nun allein, von allen verlassen. Keine Legion aus dem Reich seines Vaters kam ihm zu Hilfe, die Schar der Himmelsmächte umringte ihn nicht. Keine Cherubim geleiteten ihn nach Golgotha, und die Seraphim riefen ihm das »Heilig« nicht zu, als er am Kreuze hing.

In dieser Stunde bekannte nur einer seinen Glauben an den gekreuzigten König: er, der ihn mitten in seiner Passion anflehte. Niemand anderer hatte jetzt noch eine Bitte an ihn; einzig der Räuber rief laut den am Kreuz Erhöhten an, und nur im Wort seines Bekenntnisses fand die gesamte Oberwelt und Unterwelt ihren Mund. Oben an seinem Kreuz rief er laut zu Jesus und brachte durch seinen Mut die Himmlischen in Staunen. Ach, daß die oberen Scharen ihm doch geantwortet hätten! Im selben Augenblick hätten die Apostel aufgehört, Ärgernis zu nehmen. Hätten doch die Scharen Gabriels mit dem Räuber gerufen und den Ruf weitergegeben an die Chöre Michaels: die siebzig Jünger hätten mitgeschrien, und die Apostel hätten eingestimmt und ihren Glauben bekannt wie der Räuber, so daß die Stimmen aus der Höhe und aus der Tiefe sich vereinigt hätten! Welch ein Lobgesang wäre dann hingebraust über den Berg Golgotha!

Doch in jener Stunde war die Lobpreisung Gottes in jedem Mund verstummt. Das Bekenntnis des Glaubens fand keine Stimme mehr. Aber als sogar die Treuesten von Zweifeln geschüttelt wurden, da erhob der Räuber seine Stimme, um rückhaltlos seinen Glauben an den Sohn zu bekennen. Die Mutter des Königs stand niedergeschmettert da, tödlich getroffen vom Schwert der Schmerzen, wie Simeon einst verkündet hatte. Einzig der Räuber raffte sich auf und wendete sich mit seiner kleinen Bitte an IHN. Während Maria stöhnte, weinend über ihren Sohn, schrie der Räuber mit lauter Stimme und flehte ihn an. Er ließ sich nicht irremachen, da er ihn nackt und bloß am Kreuz hängen sah. Der Glaube bekam in ihm seine Stimme, und er rief dem Sohn zu: »Gedenke meiner, o Herr, wenn du in das Reich und in die Herrlichkeit kommst, die jetzt verborgen ist.«

O Mann, wie stark ist dein Glaube! Wer offenbarte dir etwas von einem Reiche des Königs Jesus? Was für

Machtmittel hat er denn, wo ist sein Volk und sein Land? Du siehst einen Mann, am Kreuze aufgehängt, zerschlagen und gekreuzigt. Wie kommst du dazu, hinter ihm ein Reich zu suchen?

Weder um Bedenken noch um Zweifel kümmerte sich der Räuber. Flehend wandte er sich dem Gekreuzigten zu, als alle Welt ihn lästerte und verspottete. Während das Geprassel der Schmähungen ihm die Ohren umdröhnte, wuchsen seinem Glauben Schwingen. Im Flug stieg sein Glaube empor, entfleuchte allen Nachstellungen der Zweifel und erbaute sich sein Nest in der Dornenkrone Jesu. Hinter der Schutzwehr aus Dornen konnte er all seinen Bedrängern Widerstand leisten. Das verfolgte Vöglein fand seine Zuflucht unter den Dornen, geschützt vor allen Zweifeln, die schmeichelnd nach ihm greifen wollten. Die Leiden Jesu schirmten es, und Nahrung fand es in seinen Wunden. Es öffnete den Mund und saugte das Blut: ein Strom, der es mit Freude erfüllte. Die Bedränger sahen das Vöglein, gerieten über seine Kühnheit in Wut und warfen mit Steinen nach ihm; aber es ließ sich von oben nicht vertreiben. Mitten unter Dornen sang es sein Lied. Es hielt seinen Mund voller Liebe an Jesu Ohr, leise klagend. Dann aber erhob es die Stimme und rief laut, was der Glaube ihm zugeflüstert in dem großen Leide:

»In deinem Reiche gedenke meiner, o Herr, wenn du hinkommst. Zu dir flüchte ich mich, da ich von allen Seiten verfolgt werde! Verstoß mich nicht, damit ich nicht von dir weg zu den Fremden fliehen muß. Stürme umtobten mich, solange ich mich nicht an dir festhielt; aber sie wurden zu nichts, sobald ich zur Höhe deines

Kreuzes emporstieg. Der gewaltige Satan ist gegen mich zum Kampfe ausgezogen, aber meine starken Flügel helfen mir, daß er mich nicht erreichen kann.«

Das ist der Gesang des Glaubens, wie er vom Räuber zu hören ist. Das Getobe der Henkersknechte verstummt nicht. Aber der Standhafte läßt sich nicht beirren. Selig der tüchtige Arbeiter, der in einer einzigen Stunde Arbeit für Jahre leistet und im selben Augenblick den Weg der Gerechtigkeit vollendet, da er ihn beginnt. Wie in einem Nu durchmißt er Meilen auf dem Weg zur Vollkommenheit und gelangt zur ewigen Wohnung im himmlischen Reich. Denn er allein ist dem König gefolgt, als seine Diener ihn verlassen hatten und wie elende Feiglinge geflohen waren. Er sieht den König, von seinen Feinden durchbohrt, und naht sich als einziger ihm mit einer Bitte:

»In deinem Reich gedenke meiner, o Herr, wenn du hinkommst! Da ich deine Schmach gesehen, möge ich auch deine Herrlichkeit schauen und bei dir sein!«

Da ließ sich die Gnade vernehmen vom Allerbarmer, um die Siegeskrone dem Räuber zu verleihen, der über das Ärgernis gesiegt hatte. ER band ihn in Liebe an sich und verbürgte sich mit einem Eidschwur, damit jener an seinem kommenden Lohn nicht zweifle: »Wahrlich, o Mann«, sagte er zu ihm, »glaube, und sei überzeugt, daß du noch heute mit mir im Garten des Paradieses sein wirst, voll des Glückes.«

Der Heilige Jakob von Sarug († 521)

Neqaq̄ desperes
Victoria michi nulla

... DASS DIE SEELE IN FRIEDEN SICH LOSLÖSE

EIN GEWALTIGES WERK DER GEMEINSCHAFT

Kein Christenmensch soll an seinem End zweifeln, er sei nicht alleine in seinem Sterben, sondern (soll) gewiß sein, daß nach Anzeigung des Sakraments auf ihn gar viele Augen sehen. Zum ersten Gottes und Christi Augen selber darum, daß er seinem Wort glaubt und seinem Sakrament anhangt, darnach die lieben Engel, die Heiligen und alle Christen, denn da ist kein Zweifel, wie das Sakrament des Altares weiset, daß die allesamt wie ein ganz Körper zu seinen Gliedmaßen herzulaufen, ihm den Tod, die Sünd, die Höll überwinden helfen und alle mit ihm tragen. Da geht das Werk der Liebe und Gemeinschaft der Heiligen im Ernst[1] und gewaltiglich, und ein Christenmensch soll es sich auch vorbilden[2] und keinen Zweifel drob haben, daraus er dann keck wird zu sterben. Denn wer dran zweifelt, der glaubt abermals nicht an das hochwürdig Sakrament des Leichnams[2a] Christi, in welchem gezeigt, zugesagt, verpflichtet wird Gemeinschaft, Hilf, Lieb, Trost und Beistand aller Heiligen in allen Nöten. Denn so du glaubst in die Zeichen und Wort Gottes, so hat Gott ein Auge auf dich, wie er sagt Ps. 32,8: »Ich will meine Augen stets auf dich haben, daß du nicht untergehest.« So aber Gott auf dich sieht, so sehen ihm nach alle Engel, alle Heiligen, alle Kreaturen[2b], und so du in dem Glauben bleibst, halten sie alle die Händ unter.

1 In Wirklichkeit – 2 vorstellen, vor Augen haben – 2a Leibes – 2b nämlich alle himmlischen und alle seligen

Gehet dein Seel aus, so sind sie da und empfahen sie, du magst nicht untergehen[3]. Das ist bezeugt von Elisäo 2. Kön. 6, 16, der zu seinem Knecht sprach: »Fürcht dich nicht, ihrer sind mehr mit uns denn mit ihnen«, so doch die Feinde sie umringt hatten und sie niemand anders sahen. Aber Gott tat dem Knecht die Augen auf, da war um sie ein großer Haufen feuriger Pferd und Wagen. Also ist es auch gewiß um einen jeden, der Gott glaubt.

Da gehen dann die Sprüch her Ps. 34, 8: »Der Engel Gottes wird sich einlassen rings um die, da Gott fürchten, und wird sie erlösen.« Ps. 125, 1f.: »Welche Gott vertrauen, die werden unbeweglich sein wie der Berg Zion. Er wird ewiglich bleiben. Hohe Berge (das sind Engel) sind um ihn her, und Gott selber umringet sein Volk von nun an bis in Ewigkeit.« Ps. 91, 11ff.: »Er hat seinen Engeln dich befohlen. Auf den Händen sollen sie dich tragen und dich bewahren, wo du hingehest, daß du nicht stoßest deinen Fuß an irgendeinen Stein. Auf den Schlangen und Basilisken sollst du gehen, und auf die Löwen und Drachen sollst du treten (das ist: alle Stärke und List des Teufels werden dir nichts tun), denn er hat mir vertrauet. Ich will ihn erlösen, ich will bei ihm sein in allen seinen Anfechtungen, ich will ihm aushelfen und ihn zu Ehren setzen. Ich will ihn vollmachen mit Ewigkeit. Ich will ihm offenbaren meine ewige Gnade.« Also spricht auch der Apostel, daß die Engel, der unzählig viel sind, allzumal dienstbar sind und ausgeschickt um der willen, die da selig werden.

3 So daß du nicht untergehen kannst

Dies sind als große Ding, wer mag's glauben? Darum soll man wissen, daß es Gottes Werk sind, die größer sind, denn jemand denken mag, und die er doch wirket in solchem kleinen Zeichen der Sakrament, daß er uns lehre, ein wie groß Ding sei ein rechter Glaub zu Gott.

Martin Luther

»ICH HÖRE DIE STIMME MEINES FREUNDES«

– aus dem jüdischen Sefer Hachajim –

Hat der Kranke noch Kräfte genug, so betet er:

Öffnet mir die Pforten der Gerechtigkeit, daß ich eingehe und dem Herrn danke. Dies ist die Pforte zum Herrn, Gerechte gehen zu ihr ein. Öffnet die Tore, daß hereinkomme das gerechte Volk, das Treue und Glauben bewahrt! Tretet in seine Tore mit Dank ein, mit Lobgesang in seinen Vorhof; danket ihm, lobt seinen Namen.

Ich schlief, aber mein Herz wachte. Ich höre die Stimme meines Freundes, er klopfet an: »Tue mir auf, meine Schwester, meine Freundin, meine unschuldige Taube, denn mein Kopf ist voll Taues, meine Locken voll nächtlicher Tropfen!« – und er führte mich zum Tore, nämlich zu dem Tor, das gegen Morgen gerichtet war. Und siehe, die Herrlichkeit des Gottes Israels kam von der Richtung nach Morgen, und ihr Rauschen war wie das Rauschen großer Wasser. Und die Erde wurde erleuchtet von seiner Herrlichkeit. – Um zu hören das Seufzen der Gefangenen, zu lösen die Söhne des Todes.

Die Eröffnung deiner Worte erleuchtet, gibt Verstand den Einfältigen. Ihren Mund öffnet sie mit Weisheit, und die Lehre der Anmut ist auf ihrer Zunge. Oh, höre mich, Herr, denn ich bin dein Knecht, ich bin der Sohn deiner Magd! Du lösest meine Bande.

In deine Hand befehle ich meinen Geist, du wirst mich erlösen, du treuer Gott! Bewahre mich wie die

Wimper den Augapfel; birg mich unter deiner Flügel Schatten!

Solange noch mein Atem in mir und Gottes Hauch in meiner Nase ist, soll meine Seele den Herrn preisen: Herr, mein Gott, wie groß bist du, mit Glanz und Pracht bekleidet. Wie ein Hirsch lechzt nach Wasserquellen, also lechzt mein Herz nach dir, Herr! Es dürstet mein Herz nach Gott, dem Lebendigen! Wann komme und erscheine ich vor Gottes Antlitz? Du tust mir kund den Pfad des Lebens, vor deinem Antlitz ist der Freuden Fülle; in deiner Rechten Seligkeit auf ewig.

+

Schön ist es, Gott zu danken und deinem Namen zu singen, Höchster! Des Morgens deine Güte zu rühmen, in den Nächten deine Vatertreue. Denn du hast mich erfreut, o Gott, durch deine Schöpfung, über das Werk deiner Hände juble ich. Wie groß sind deine Werke, Herr, alle hast du in Weisheit erschaffen!

Er küsse mich mit den Küssen seines Mundes! Denn köstlicher ist deine Liebe als Wein. Ich will in deinen Zelten ewiglich wohnen, will mich schützen unter dem Schirm deiner Flügel. Um dieses hat jeder Fromme zu dir zur Gnadenzeit zu flehen, dann mögen große Fluten sich heranwälzen, an ihn gelangen sie nicht. Rette vom Schwert mein Leben. Ich weiß, zum Tode willst du mich führen, in das Haus, das jedes Lebenden wartet. Doch raffe meine Seele nicht mit Sündern, mein Leben nicht mit Blutschuldigen hin.

Und walle ich auch im Tale des Todesschattens, so walle ich ohne Furcht; denn du begleitest mich, dein Stab und deine Stütze sind immerdar mein Trost.

Nun liege ich ruhig, schlafe, erwache; denn mich hält der Ewige. Ja, ich werde mich jetzt legen und ruhen, schlafen, und es wird mir wohl sein. In Frieden lege ich mich nieder und schlafe; denn du allein, o Herr, bringst mich in Sicherheit.

Ich werde in Gerechtigkeit dein Antlitz schauen, erwachend mich ergötzen an deiner Majestät. Denn Gott ist unser Gott auf ewig, er führt uns über den Tod.

Auf deine Hilfe hoffe ich, o Herr!

+

Herr, allmächtiger Gott, Gott Israels, in deiner Hand ist der Atem aller Lebendigen und der Geist jedes Menschen. Nun ist der Augenblick gekommen, in welchem ich meine Seele, die du mir gegeben, dir wieder zurückgeben soll. Nimm du selbst sie von mir, daß sie, wie vom Kusse reiner Liebe berührt, heiter dahinscheide und die Vorstellung von einem Todesengel mich nicht ängstige, nicht schrecke! Nimm mich auf im Schutze deiner Allmacht, daß ich im Schatten deiner Flügel verborgen sei. Laß meinen Leib und meine Seele stets deine Gnade und deine Treue erfahren. Engel der Barmherzigkeit sollen meine Seele aufnehmen und, begleitet von den verklärten Seelen der Frommen, sie ins himmlische Eden bringen. Meinem Leibe werde ungestörte Ruhe im Grabe, bis dein Ruf ihn zur Auferstehung erwecken wird.

Wenn der Sterbende in den letzten Zügen liegt

Gott steh dir bei auf deinem Krankenlager, dein Schöpfer, der dich gebildet und deinen Körper gebaut!

Im Werden schon hat er dich gesehen und dich mit einer unsterblichen Seele belebt; überschwengliche Liebe hat er dir erwiesen, der Allmächtige, der dich vollenden will.

Der Herr, dein Gott, wird dich nicht verlassen, kein Übel, keine Plage wird deiner Hütte sich nahen.

Seinen Engeln gebietet er deinethalben, daß sie dich bewahren auf deinem Wege; in Liebe wird er deine Seele empfangen.

Seine Linke wird dich schützen, seine Rechte dich leiten. Warst du auf Erden gering und niedrig, dort in der Herrlichkeit wirst du hoch und herrlich sein.

Süßer als Honig oder Milch der Zunge ist, werden dir die Seligkeiten sein, wenn Edens Pforten sich dir erschließen werden.

Darum vertraue dich dem Herrn, deinem Gott, seine Engel werden dich umgeben und mit ihren Fittichen dich schützen.

Deine Seele ein Licht Gottes, seine Herrlichkeit deine Leuchte, so ruhst du in Frieden, schläfst sanft und ungestört.

Fürchte dich nicht, laß dir nicht ob deines Leichnams bange sein, denn du gelangst nun zu deiner Väter Seligkeit. Gott, der Allmächtige, der dich gebildet, hat dir deine Bestimmung vorgezeichnet, dein Sterbetag muß dir also werter sein als der Tag deiner Geburt.

So wird dein Ausgang aus diesem und dein Eingang in jenes Leben gesegnet sein, denn deine Seele kehrt zu

Gott zurück, wo im Eden deine Seele mit dem Herrn, deinem Gott, vereint sein wird, indes deine irdische Hülle im Grabe sanft ruht.

So sei mutig und getrost, deine Seele geht ein zu deinen Vätern, im Glauben an den Herrn, den Einzig-Einigen. Amen! Der Herr segne dich und behüte dich; der Herr lasse dir sein Angesicht leuchten und sei dir gnädig!

Der Herr wende dir sein Antlitz zu und nehme deine Seele in den Bund der Ewiglebenden auf, zum ewigen Frieden!

+

Kommt, laßt uns zum Herrn zurückkehren, denn er verletzt und heilt wieder, er schlägt Wunden und verbindet wieder. Du, Herr, bist unser Vater, wir sind der Ton, und du bist unser Schöpfer, und das Werk deiner Hände sind wir alle. Er kennt unsere Leidenschaft, ist eingedenk, daß wir nur Staub sind.

Du Ehrfurchtbarer, zürnst du, wer kann vor dir bestehen? Hilf uns, Gott, unser Helfer, um der Ehre deines Namens willen! Rette uns, verzeihe unsere Sünden um deines Namens willen! Du unsere Hilfe, rette uns um deiner Güte willen. Erfreue deines Knechtes Seele, denn zu dir, Ewiger, erhebe ich sie.

Befiehl dem Herrn deine Wege; vertraue auf ihn, er wird es vollbringen. Finde deine höchste Freude in Gott, er wird die Wünsche deines Herzens erfüllen.

Dir kann kein Unglück widerfahren, und keine Not kann sich deiner Hütte nähern, denn er befiehlt seinen Engeln, auf allen Wegen dich zu schützen. Sie müssen dich auf Händen tragen, daß dein Fuß sich an keinem

Stein stoße. Er läßt deinen Fuß nicht ausgleiten, dein Hüter schlummert nicht. Der Herr ist dein Hüter, der Herr dir Schirm zur rechten Hand. Hilfe sendet er dir aus dem Heiligtum: unterstützt dich von Zion aus.

Herr, was ist der Mensch, daß du dich seiner so annimmst! Gott schützt all seine Gebeine; nicht eins davon wird versehrt. Seele, was betrübst du dich, warum ist dir so bange in mir? Harre nur auf Gott! Ihm werde ich einst noch danken für die von ihm gesandte Hilfe. Er belebt uns wieder nach zwei Tagen (Leidenstagen), am dritten Tage hilft er uns empor, daß wir vor ihm leben.

Welcher Mensch lebt ewig, sieht den Tod nicht, entkommt der Gruft? Unsere Lebenszeit währt siebzig Jahre, achtzig ist ihr fernstes Ziel, und ihr Stolz ist Müh umd Kummer; schnell abgeschnitten: so fliegen wir hin. Die auf den Herrn Hoffenden aber sammeln Kräfte, sie erheben sich auf Schwingen wie die Adler, sie laufen und ermatten nicht, sie wandeln ihren Pfad und werden nicht müde.

Wir fürchten uns nicht, wenngleich der Erdball wankt, Gebirge ins Weltmeer stürzen. Er erlöst dein Leben vom Untergang, krönt dich mit Liebe, mit Barmherzigkeit.

Dein Licht wird alsdann hervorbrechen wie die Morgenröte, und deine Genesung wird schnell erfolgen; deine Gerechtigkeit wird vor dir hergehen und die Herrlichkeit des Herrn dich aufnehmen. Der Herr wird dich vor allem Übel behüten, wird deine Seele behüten.

Siehe, er schlummert nicht und schläft nicht, der Hüter Israels. Gott ist es, der da tötet und belebt, der ins Grab führt und wieder heraus. Und es soll der

Staub zur Erde zurückkehren, wie er war, der Geist aber zu Gott zurückkehren, der ihn gegeben hat. Seine Nachkommen werden stark auf Erden sein, und das Geschlecht der Redlichen wird gesegnet werden. Gott hat gegeben, Gott hat genommen: der Name Gottes sei gepriesen. Es segne dich der Herr von Zion aus, der Himmel und Erde geschaffen!

DIE ANBEFEHLUNG DER SEELE

– aus dem Römischen Rituale –

Wenn die Agonie beginnt

Proficiscere, anima christiana ——
Mache dich auf den Weg, und verlasse diese Welt,
im Namen Gottes, des allmächtigen Vaters, der dich geschaffen hat;
im Namen Jesu Christi, des Sohnes des lebendigen Gottes, der für dich gelitten hat;
im Namen des Heiligen Geistes, der in dich ausgegossen worden ist;
im Namen der heiligen Jungfrau und Gottesgebärerin Maria und des heiligen Joseph;
im Namen aller Chöre der himmlischen Geister: der Engel und Erzengel, der Throne und Herrschaften, der Fürstentümer und Mächte, der Kräfte, der Cherubim und der Seraphim;
im Namen der Patriarchen und Propheten;
im Namen der heiligen Apostel und Evangelisten; im Namen der heiligen Märtyrer und Bekenner; im Namen der heiligen Mönche und Einsiedler; im Namen der heiligen Jungfrauen und aller Heiligen Gottes.
Heute noch sei deine Stätte im Frieden und deine Wohnung im heiligen Sion.
Durch Christus, unseren Herrn. Amen.

+

Barmherziger Gott,
milder Gott,
Gott, der du nach der Fülle deiner Erbarmung die Sünden der Bußfertigen tilgst und alter Vergehen ungesühnte Schuld auslöschest:
Blicke gnädig auf diesen deinen Diener N.*, und erhöre das Flehen seines reumütigen Herzens um Vergebung aller seiner Sünden.
Erneuere in ihm, guter Vater, was durch die Gebrechlichkeit seiner Natur verdorben oder durch Satans Trug entstellt ist, und in den einen Leib deiner Kirche füge ihn ein als Glied, das nunmehr ganz erlöst ist.
Erbarme dich seiner Seufzer; erbarme dich seiner Tränen; schenke ihm, der auf nichts anderes sein Vertrauen setzt als auf deine Barmherzigkeit, Anteil am Mysterium der Versöhnung. Durch Christus, unseren Herrn. Amen.

+

Commendo te —
Ich befehle dich dem allmächtigen Gott, lieber Bruder; ihm, dessen Geschöpf du bist, vertraue ich dich an:
Kehre zurück zu deinem Urheber, sobald du durch dein Sterben das allen Menschen auferlegte Todesgesetz erfüllt hast.
Wenn also deine Seele vom Leibe scheidet, eile der strahlende Chor der Engel ihr entgegen –
der Rat der Apostel, der die Welt einst richten wird, komme herbei –
das Heer der siegreichen Märtyrer ziehe dir entgegen –

* Bei »N« wird jeweils nur der Taufname des Sterbenden genannt; handelt es sich um eine Sterbende, werden die Formeln jeweils entsprechend abgewandelt.

die Schar der Bekenner umringe dich –
der Jungfrauen Reigen nehme dich auf –
und selige Ruhe im Schoße der Patriarchen umfange dich.
Mild und festlich erstrahle dir das Antlitz Jesu Christi, und er weise dir auf ewig deinen Platz in seinem Gefolge an.
Unbekannt sollen dir bleiben alle Schrecken der Finsternis und Qualen der Hölle. Satan mit seinem Gefolge ergreife die Flucht: er zittere, wenn du ankommst, von Engeln geleitet, und weiche zurück in den Abgrund.
Gott erhebe sich, und zerstreut werden alle seine Feinde: wie Rauch verweht, wie Wachs zerschmilzt vor dem Feuer, so zergehen Gottes Feinde vor seinem Angesicht. So sollen auch zuschanden werden die Mächte der Unterwelt, und Satans Knechte mögen nicht wagen, dich auf deinem Wege aufzuhalten.
Vor der ewigen Qual bewahre dich Christus, der für dich die Qualen des Kreuzes erduldet hat.
Vor dem ewigen Tode bewahre dich Christus, der für dich den Tod erlitten hat.
Auf die ewig grünenden Auen seines Paradieses führe dich Christus, der Sohn des lebendigen Gottes. Er, der Gute Hirt, reihe dich ein unter seine Schafe.
Deinen Erlöser mögest du sehen von Angesicht zu Angesicht und, allzeit vor ihm stehend, mit seligen Augen die Wahrheit hüllenlos schauen.
Ja, in die Scharen der Seligen aufgenommen, sollst du die Süße der Anschauung Gottes kosten von Ewigkeit zu Ewigkeit.

Amen.

+

Wenn die Agonie länger dauert

Herr Jesus Christus, ich beschwöre dich bei deiner Todesangst und bei dem Gebet, das du für uns am Ölberg gebetet hast, als dein Schweiß wie Blut zur Erde rann:
die vielen Tropfen blutigen Schweißes, die du in der Bedrängnis deiner Angst für uns vergossen hast,
bringe sie Gott dar, dem allmächtigen Vater,
halte sie ihm vor Augen
gegen die zahllosen Sünden dieses deines Dieners N.
Und befreie ihn in dieser seiner Todesstunde von aller Angst und Pein, die er für seine Sünden fürchtet verdient zu haben.
Amen.

+

Herr Jesus Christus, der du für uns am Kreuz gestorben bist, ich beschwöre dich:
alle Bitterkeit der Leiden und Strafen, die du für uns Sünder am Kreuz erduldet hast, besonders in jener Stunde,
als deine Seele sich vom Leibe trennte,
bringe sie Gott dar, dem allmächtigen Vater,
halte sie ihm vor Augen
für diesen deinen Diener N.
Und befreie ihn in dieser Todesstunde von allen Strafen und Leiden, die er für seine Sünden fürchtet verdient zu haben.
Amen.

+

Herr Jesus Christus, der du durch den Mund des Propheten gesprochen hast: In ewiger Liebe liebe ich dich, darum ziehe ich dich voller Erbarmen zu mir, ich beschwöre dich:
dieselbe Liebe, die dich vom Himmel auf die Erde zog,
um dort aller Bitterkeit deiner Leiden zu erdulden,
bringe sie Gott dar, dem allmächtigen Vater,
halte sie ihm vor Augen
für diesen deinen Diener N.
Und befreie ihn von allen Leiden und Strafen, die er für seine Sünden fürchtet verdient zu haben.
Rette seine Seele in dieser Stunde ihres Hinganges. Tu ihm auf das Tor des Lebens, auf daß er mit deinen Heiligen sich freue in der ewigen Herrlichkeit und dir lebe in ungeteilter Liebe, welche von dir niemals lassen kann.
Der du mit dem Vater und dem Heiligen Geiste lebst und herrschest in Ewigkeit.
Amen.

+

Im Augenblick des Todes

Subvenite – – –
Kommet zu Hilfe, ihr Heiligen Gottes,
eilet entgegen, ihr Engel des Herrn,
nehmt seine Seele,
und bringt sie vor das Angesicht des Allerhöchsten.

Christus, der dich berufen hat, nehme dich auf,
und seine Engel mögen dich tragen in Abrahams Schoß.

Herr, gib ihm ewige Ruhe,
und ewiges Licht leuchte ihm.
Dir, Herr, befehlen wir die Seele deines Dieners N.,
auf daß er, der für die Welt nun tot ist, dir lebe.
Und was er in seinem Erdenwandel aus menschlicher Schwäche an Schuld auf sich geladen hat, das tilge du durch verzeihende Barmherzigkeit und Liebe.
Durch Christus, unsern Herrn.
Amen.

»DIE HOFFNUNG DER HOFFNUNGSLOSEN«

– aus den byzantinischen Sterbegebeten –

Bei hartem Todeskampf, wenn der Sterbende nicht mehr sprechen kann

Trockenen Fußes das Meer durchschreitend, rief Israel, als es den Verfolger Pharao im Meer versinken sah: Wir wollen Gott ein Siegeslied singen.

– Kommt herbei, ihr Frommen, und weint über eine Seele, die Gott nicht gedient hat.
– Wie Rauch verweht mein Leben, und schon sind Gottes Engel gekommen, um meine Seele von mir zu fordern.
– Und siehe, ein ganzer Schwarm von bösen Geistern umdrängt mich, hält mir meine sämtlichen Sünden vor und beansprucht dreist unter heftigem Schreien sein Recht auf meine arme Seele.
– Zu wem soll ich rufen? Wer wird das Schreien meines Herzens hören? Einzig du, allreine Gottesgebärerin, du Hoffnung der Gläubigen und aller Sünder!

Keiner ist heilig wie du, Herr, mein Gott, der du deine Gläubigen mit Kraft erfüllst und uns unangreifbar machst auf dem Felsen des rechten Glaubens.

– Meine Freunde und ihr alle, die ihr mich kennt, warum weint ihr nicht? Warum klagt ihr nicht um euren Freund und Vertrauten, der sich getrennt fühlt von Gott und von euch allen?
– Meine Brüder, die ihr nun sehet, wie meine Werke auf der Waage der Gerechtigkeit als zu leicht erfunden werden, betet zu Christus, dem allherrschenden Gott, daß er sich meiner erbarme.

– Ihr, meine Freunde, die ich geliebt habe, betet jetzt zu Christus, daß er mich Unseligen anschaue in dieser Qual, da mir das Leben entflieht.
– Du Mutter meines Gottes, aus der Höhe deiner großen Herrlichkeit neige dein Ohr mir zu: höre, Gütige, meine letzten Seufzer, und reich mir die Hand.

Christus ist meine Kraft, mein Gott und mein Herr, so singt die heilige Kirche laut in gottesdienstlicher Feier.

– Wehe mir Verlorenem! Wehe mir Elendem! Sosehr ich auch die Hände ausstrecke nach meinen Freunden, sosehr ich auch weine, es ist doch niemand da, der mir hilft.
– Ein Kampf tobt in mir und läßt mir die Seele vergehen. Ich schaue Gottes Lichtengel und flehe sie an: laßt mich noch ein wenig leben! Aber ach: niemand ist, der mich erhört.
– Weint über mich und klagt, ihr Engel, und auch ihr Menschen, die ihr Christus liebt: Ohne Erbarmen wird mir die Seele jetzt vom Leibe getrennt.

Durch dein göttliches Licht, o Gütiger, erleuchte die Seelen der zu dir Erwachenden, auf daß sie dich, du Wort Gottes, erkennen als Gott, der sie aus der Finsternis der Sünden heimruft.

– Dein Licht laß leuchten über mir, o Christus, damit ich dich sehe, wenn auch nur für einen Augenblick; denn schon bald werde ich dich nicht mehr sehen können, wenn eine Wolke böser Geister über mich herfallen und die Finsternis meiner schändlichen Taten mich einhüllen wird.
– Hilf mir, Michael, du großer Fürst Gottes und Heerführer der Engel! Auch dich werde ich nicht mehr zu

Hilfe rufen können, wenn meine Zunge gebunden sein wird.
– Hilf doch auch du, Mutter meines Christus und meines Gottes. Auch dein Bild werde ich meiner Sünden wegen nicht mehr schauen können, wenn mein Licht verlöscht und Finsternis mich bedeckt.

Auf das stürmische Meer des Lebens mit seinen Wogenbergen von Versuchungen zurückschauend, nähere ich mich eilends dem rettenden Hafen und rufe zu dir, du Erbarmungsvoller: reiße aus dem Verderben meine Seele.
– Siehe, sie haben heftig zerrend plötzlich vom Leibe getrennt die elende Seele und führen sie vor den furchtbaren und schrecklichen Richter. Und ich habe kein gutes Werk als Gegengewicht gegen die bösen Taten.
– Wenn ihr, meine allheiligen Engel, zum Richterstuhl Christi kommt, dann kniet nieder und ruft: Erbarme dich des Werkes deiner Hände, du Schöpfer aller Dinge, und verstoße ihn nicht, du Gütiger!

+

Gebieter, Herr, unser Gott, Allherrscher, der du willst, daß alle Menschen gerettet werden und zur Erkenntnis der Wahrheit kommen, der du keine Freude hast am Tod des Sünders,
sondern daran, daß er sich bekehre und lebe:
löse deinem Knechte N. alle Fesseln der Seele.
Denn du bist es, der die Gebundenen löset, die Niedergeworfenen aufrichtet.
Du bist die Hoffnung der Hoffnungslosen.

So gebiete denn, du Gebieter, daß die Seele deines Knechtes in Frieden sich loslöse. Laß sie zur Ruhe kommen in deinen ewigen Wohnungen bei deinen Heiligen.
Um deines einziggezeugten Sohnes willen, mit dem du gepriesen wirst samt deinem allheiligen, guten und lebendigmachenden Geist, jetzt und immerdar und in die Ewigkeiten der Ewigkeiten.
Amen.

Nach dem Abscheiden

Leben möge meine Seele, auf daß ich dich lobe, und dein Gericht helfe mir.
Ich irre wie ein verlorenes Schaf; such deinen Knecht, denn deine Gebote verlasse ich nicht! Alleluja.

+

Die Schar der Heiligen fand des Lebens Quelle
und das Tor zum Paradies.
O daß auch ich den Weg fände durch Umkehr.
Ich bin das verlorene Schaf,
ruf mich zurück, und rette mich, mein Heiland.

Ich bin das Bild deiner unsagbaren Herrlichkeit,
trotz meiner Sünden Brandmal.
Erbarme dich deines Geschöpfes, Herr,
stelle es wieder her in Gnade.
Hol mich zurück in die Heimat, die so ersehnte,
mach mich aufs neue zum Bürger des Paradieses.

Der du mich einst aus dem Nichts geschaffen,
zu deinem Ebenbild gemacht hast,
wegen der Übertretung deines Gebotes
aber wieder zum Staube werden lässest,
aus dem ich genommen bin:
erhebe mich wieder zur Ähnlichkeit mit dir,
auf daß ich in meiner ursprünglichen Schönheit
von neuem erstrahle.

DES ›ALTEN MANNES‹ TRAUMGESICHT VOM HEIMGANG DER SEELE

1
Trennungskrise

Gerontius

Jesus, Maria! Ich bin nah dem Tod,
Und Du bist's, der mich ruft; ich weiß es jetzt.
Nicht weil mich friert, nicht weil die Brust in Not,
Nicht weil der kalte Schweiß die Stirne netzt,
(Erbarmen, Jesus! Maria, bitt für mich!)
Ein neues Fühlen, nie zuvor gefühlt,
(Bleib bei mir, Herr, o laß mich nicht im Stich!)
Daß fort ich muß und daß ich ausgespielt.
Dies seltsam innerste Verlassensein,
(Auf Dich, o Gott, den Liebenden, blick' ich)
Daß nun so ganz entflieht, was sonst doch mein,
Kraft aus Natur, die einst gehalten mich.
Betet für mich, o Freunde, denn ein Gast,
Furchtbar, heischt Eingang, klopft an meine Tür,
Desgleichen du noch nie gesehen hast,
Daß er entsetze mich und Angst ich spür':
Der Tod – o Freunde, betet! –, es ist er!
Als ob versinken wollt' mein eignes Ich,
Als ob Substanz ich keine mehr jetzt wär,
Als könnt' auf nichts ich fallen, zu stützen mich,
(Hilf, lieber Gott, Du einz'ge Zuflucht, Du!)
Und kehren nirgendhin und müßt' vergehn
Und stürzen aus des Universums Ruh
In blanken Abgrund, ziellos, ohn' Verstehn,
In jenes schiere Nichts, aus dem ich kam:
Das ist's, ihr Freunde, was mit mir geschah,
Betet für mich! O Graun: der Tod ist nah,
Der mir die Kraft, selber zu beten, nahm.

Ich kann nicht länger mehr, es kommt schon wieder
Schlimmer als jeder Schmerz, Gefühl des Sturzes,
Unwiderstehlicher Vernichtung, des Verfalls
All des, was mich zum Menschen macht, als ständ' ich
Am schwindelerregenden Rande
Blanken Abgrunds unendlicher Tiefe.
Ja schlimmer, als fiel' ich
Hinab, hinab für immer, hindurch
Durch festes Fachwerk der erschaff'nen Dinge,
Und müßte schlechterdings versinken, sinken
In ungeheuern Schlund. Grausamer noch,
Rastlose wilde Angst erfüllt
Die Seele mein. Und schlimmer, schlimmer noch,
Ein Böses jetzt in lieblicher Gestalt
Schwebt auf dem Wind, befleckt geweihte Luft
Mit häßlich wilden Flüchen, lacht und klatscht
Mit wüsten Schwingen
Und macht mich wild vor Furcht und Schaudern.
O Jesus, hilf, bitt für mich, Maria, bitt!
Einen Engel, Jesus! wie er kam zu Dir
In Deiner eig'nen Agonie...
Maria, bitt für mich. Joseph, bitt für mich,
Maria, bitt für mich.

2
Exitus

Die Seele des Gerontius

Ich fiel in Schlaf; und jetzt bin ich erfrischt.
Seltsam erfrischt: denn so unsagbar leicht
Komm' ich mir vor, ich habe ein Gefühl
Von Freiheit, als sei nun endlich ich ich selbst,
Sei nie zuvor gewesen. Wie still es ist!
Ich hör' nicht mehr den hast'gen Schlag der Uhr
Und meinen Atem kämpfen und flattern meinen Puls;
Kein Augenblick ist anders als der nächste.
Ich träumte, ja! – langsam sprach einer dann:
»Es ist aus«; und ein Seufzer füllte ganz den Raum.
Und dann, gewiß, hört' eine priesterliche Stimme
Ich rufen: »Subvenite«; und sie knieten im Gebet.
Mir dünkt, ich hör' ihn noch; doch dünn und fein
Und schwächer, immer schwächer nahn die Töne,
Und immer größer, größer wächst der Abstand.
Doch ach, von wo kommt dies? Und diese Trennung?
Wie strömt aus diesem Schweigen eine Einsamkeit
In meiner Seele eigentliches Sein!
Die tiefe Ruh', so sänftigend, so mild,
Hat auch etwas von Strenge und von Leid,
Sie drängt mein Denken ganz zurück, zum Ursprung,
Durch seltsam Insichwenden und durch Zwang
Fang' ich mich von mir selbst zu nähren an –
Ich hab' sonst nichts, wovon ich's könnte!
Leb' ich, bin tot ich? Nein, ich bin nicht tot.
Leibhaft bin ich; denn noch besitz' ich eine Art
Vertrauen in mir versenkt, daß jedes
Organ einzeln an seinem Platze sei,

Sich bindend mit den andern, wie zuvor
In Einheit, die zusammenhält und mich
Zum Menschen macht; ich könnte wohl bewegen
Wollt' ich es nur, jedweden Teil von mir.
Und doch kann ich mir selber nicht beweisen
Durch eine Probe, daß ich die Kraft noch habe.
Seltsam! Ich kann nicht rühren Hand noch Fuß,
Kann meine Finger nicht, nicht meine Lippen
Durch gegenseitigen Druck bezeugen lassen,
Kann nicht durch einen Schlag des Augenlids
Versichern mir, daß ich noch einen Leib hab'.
Ich kenn' sogar die Stellung meines Leibes nicht,
Ob ich jetzt stehe, liege, sitze, kniee.

Das weiß ich, doch nicht weiß ich, wie ich's weiß:
Die weite Welt, in der ich Wohnung hatte,
Läßt los mich; doch vielleicht ließ ich sie los.
Ich oder sie in gradem Laufe vorwärts
Rasen auf Lichtes oder Blitzes Schwingen,
Sind jetzt Millionen Meilen voneinander.
Indes... wird diese letzte gült'ge Trennung
Erreicht durch sich verlängernd Maß des Raumes,
Das vielfach wächst durch Zeit und Schnelligkeit?
Oder durcheil' ich die Unendlichkeit
Durch Teilung ohne Ende, stürzend eilends
Aus Endlichem in das unendlich Kleine,
Hinschwindend aus der ausgedehnten Welt?
Ein andres Wunder: Einer hält mich fest
In breiter Hand; doch ist es nicht ein Griff
Wie sonst auf dieser Erde, sondern rings
Die Fläche meines ganzen Seins umfassend,
Als wär' ich eine Kugel und befähigt,

So angefaßt zu werden; ein gleichförm'ger
Und sachter Druck sagt mir, daß ich nicht selber
Mich fortbewege, daß ich getragen werde.
Und horch! Ich hör' Gesang, jedoch in Wahrheit,
Ich kann von der Musik nicht deutlich sagen,
Ob ich die Töne höre, fühle, schmecke. –
Wie herzergreifend ist die Melodie!

Engel

Mein Werk ist getan,
Mein Amt ist vorbei.
So komm' ich dann
Und bringe ihn heim,
Die Kron' er gewann,
Alleluja,
Für immer und ewig.

Mein Vater mir gab,
Daß ich ihn begleite,
Dies Kind der Erde
Seit seiner Geburt,
Daß ich ihn bewahre,
Alleluja,
Gerettet ist er.

Das Kind aus Lehm
Mir ward's gegeben,
Zu üben und führen
Durch Sorge und Pein
Auf schmalem Pfad,
Alleluja,
Zum Himmel empor.

Seele

Er ist ein Glied jener Familie,
Die, wunderbar, noch eh' die Welt geschaffen,
Millionen Jahr zurück, rund um den Thron
Gottes gestanden: – Er hat die Sünde nie gekannt;
Durch all die Zyklen, fast unendlich, hat
Ein Leben rein und himmlisch er geführt,
Ertrug, das Antlitz Gottes unverhüllt
Zu schauen, trank aus ew'gem Quell der Wahrheit
Und diente Ihm in streng ekstat'scher Liebe.
Horch! Es beginnt von neuem.

Engel

O Herr, wie wunderbar in Tiefen und in Höhn,
Am meisten doch im Menschen, wie wunderbar bist Du!
Mit welcher Liebe, sanfter Überredung Macht,
Siegreich über das fleischlich eigensinnige Herz
Vollendest Du der Heiligen vorgesehene Zahl,
Zu füllen das Reich, das Engel durch Hochmut verloren!
Er lag, ein kriechend Kindchen, auf dem Bett,
Befleckt im Blute seines ersten Ahnherrn,
Gestört in seinem Wesen, ungesund,
Schrecklicher Dämon rund sich windend um sein Herz,
Nicht ihm verwandt, doch voller Kenntnis und Geschick.
Dämmernden Geist zu binden, Bosheit zu formen.
Dann ward vom Himmel ich gesandt, die Waage recht

In ihm zu stellen, was da Wahrheit sei oder Sünde.
Den langen unnachgieb'gen Kampf hab' ich gekämpft,
Um zu gewinnen diesen Geist, vom Tod umlagert.
Er ward, als alles schon verloren, aufgerichtet,
Zurückgekauft um unerforschlich hohen Preis.

Ach, und wie wechselten die schillernd bunten Szenen
Von Hoffnung bald und Furcht, Triumph und Niederlagen,
Sorglosigkeit und Buße: das war die Geschichte
Des quälenden Tumults – ein ganzes Leben lang!
Und o die Gnade, ihn zu stärken, ihn zu führen,
Welche Geduld, welche Verschwendung in der Not!
O Mensch, seltsam Gemisch aus Himmel und aus Erde!
Niedrig gemein und majestätisch! Duft'ge Blüte,
Im Samen giftig eiternd! In der Würde Mantel
Verhüllst du Fäulnis, Schwäche spielt den Herrn der Macht!
Nie bist du so der Schmach und dem Verbrechen nah,
Wie wenn du eine Tat des Ruhms vollbracht.

Wie sollten himmlisch reine Weisen wohl verstehen
Ein Ding, geschaffen aus Materie und Geist,
Wär' uns nicht hütend es zu führen anbefohlen,
Gekettet eng an es durch seine ird'schen Tage?
Mehr als der Seraph hoch auf seiner Höhe Gipfel,
Erlösten Menschen kennt der Engel, der ihn schützt.

Seele

Nun weiß ich es gewiß, ich hab' den Leib
Verlassen jetzt; hätt' ich am Ird'schen teil,
Nie hätt' ich diese Töne in mich trinken
Gekonnt, ohn' anzubeten ihre Stimme
Voller Musik; doch nun bin ich so eins
Im Herzen, ruhig, so selbstbesessen fest,
Mit solcher Fülle begabt, mit einem Sinn,
So rasch erfassend, fehllos unterscheidend,
Daß kein Versucher ihn vergiften kann.
Auch hab' ich keine Furcht bei dem Gedanken,
Daß ich von Heiligkeit umflossen bin.

Engel

Ihm sei der Preis, nach des Erhabenen Dekret
Die Letzten Erste sind, die Ersten Letzte,
Durch den demüt'ge arme Seelen werden frei,
Die stolzen Erstgebornen sind vom Thron gestoßen,
Durch den zur Himmelskönigin erhöht Maria,
Durch den gerichtet ohn' Vergebung Luzifer.

3
Hinübergang

Seele

Ich sprech' ihn an. Gewalt'ger du, o Herr,
Mein Schutzgeist, sei gegrüßt!

Engel

Gegrüßt seist du, mein Kind!
Mein Kind! Mein Bruder! Sag, was ist dein Wunsch?

Seele

Nichts, nichts, als daß ich mit dir sprechen darf,
Nur um des Sprechens willen. Ich wünsch' mit dir
Bewußt Gemeinschaft, wiewohl ich gerne kännte
Verwirrend viele Dinge, wär's nur passend
Zu fragen, ach, und wär's nicht Neugier bloß.

Engel

Du kannst von nun an keinen Wunsch mehr wünschen,
Der nicht gewünscht zu werden würdig wär'.

Seele

Dann will ich sprechen. Sieh, ich hatt' geglaubt,
Daß augenblicklich, wenn die arme Seele
Ihr sterbliches Gehäus im Tod verlassen,
In Gottes fürchterliche Händ fall',
Gericht zu finden, wo sie hingehör'.
Was hindert mich, zu meinem Herrn zu gehn?

Engel

Nichts hindert dich; du eilst unsagbar schnell
Zu deinem heil'gen und gerechten Richter:
Denn kaum bist du bis nun entkörpert noch.
Teil' einen Augenblick, wie Menschen messen,
In seinen kleinsten, abermillionsten Teil –
Sogar geringer noch ist hier die Pause,
Seit deinen Leib zurück du ließ'st, der Priester
Sein Subvenite sprach, sie beteten –
Sie haben kaum begonnen ja zu beten.
Denn Geist und Mensch verschiednen Maßes messen
Das Mehr und Weniger im Fluß der Zeit.
Nach Sonn' und Mond, von Uranfang gesetzt,
Gestirns harmon'schem Auf- und Niedergang,
Nach Rhythmen wiederkehrend, Hin und Her
Des Perpendikels teilen sich die Menschen
Die Zeit exakt, ununterbrochen gleich.
Ihr Maß ist für gemeinsamen Gebrauch.
So ist es nicht in körperloser Welt;
Die Intervalle, aufeinander folgend,
Sie messen am lebend'gen Denken sich
Allein und wachsen, schwinden durch die Kraft
Im Innern. Zeit ist kein gemeinsam Gut;
Denn lang ist kurz jeweils, und schnell ist langsam,
Und nah ist fern, wie es empfangen und ergriffen
Von dem Geist und jenem, und ein jeder
Ist selber Maß seiner Chronologie.
Erinn'rung stützt sich nicht mehr von Natur
Auf Jahr, Jahrhunderte und Perioden;
Es ist die Energie des eignen Denkens,
Die fern dich hält von deinem Gott.

Seele

Sag mir, geliebter Engel:
Warum hab ich jetzt keine Furcht vor Ihm?
Mein Leben lang auf Erden war mir doch
Tod und Gericht der schrecklichste Gedanke.
Ich hatte sie fürwahr vor mir, ich sah
Den strengen Richter auch im Kruzifixus.
Nun da die Stunde kam: weg ist die Furcht,
Gewogen wird just mein Geschick, doch bald
Entscheidet sich's. Ich blicke vorwärts, aber
Mit einer Freude voll Gelassenheit.

Engel

Du hattest Furcht damals, nun hast du keine;
Du hattest vorgeschmeckt den Todeskampf,
Drum ist die Bitternis des Tods vorbei.
Auch hat in deiner Seele schon begonnen
Das Gericht. Der Tag des letzten Urteilsspruchs,
Ein und derselbe für die ganze Welt –
Die festliche Vollendung alles Fleisches
Wird für den einzelnen nach seinem Tod
Vorweggenommen. Wie der jüngste Tag
Geprobt wird im besonderen Gericht,
So nun auch, eh' zum Throne du gelangst,
Fällt eine Ahnung wie ein Strahl in dich
Von deinem Richter, Zeichen deines Loses;
Die stille Freude, deine Seele füllend,
Ist erste Frucht des Lohnes, der dir ward,
Himmlischen Lebens Anfang.

4
Im Vorhof

Seele

Doch horch, welch leidenschaftlicher Tumult
Möcht' ängstigen mich, könnt' ich geängstigt werden?

Engel

Wir sind jetzt da, nah dem Gerichtshof.
Hier sammeln die Dämonen sich, und ihrer
Ist dieses widerwärtige Geheul.
Es ist die mittlere Region, wo schon
Von alters Satan unter Söhnen Gottes
Erschien, dem heiligen Hiob Fratzen schnitt;
So drängen seine Scharen sich im Vorhof,
Wie Wölfe hungrig, ihr Eigentum verlangend,
Und Seelen für die Hölle sammelnd – höre sie!

Seele

Wie schneidend und wie roh die Dissonanz!

+

Engel

Ein ruheloses Schnappen ist ihr Wesen,
Raubkatzen gleich im Käfig hinterm Gitter
Mit eklem dumpfem Schnurren, ohne Rast.
Sie rennen unablässig auf und ab.

Seele

Ohnmächtig sind sie! Doch auf Erden haben
Den Ruf sie wunderbar erfahrner Macht;
Bücher beschreiben, wie des Bösen Antlitz
Dem, der es sieht, das Blut gerinnen macht,
Des Lebens Atem auspreßt.

Engel

In deiner Prüfungszeit war ein Verräter
In deinem eignen Haus tief eingenistet
Und angeboren. Mit der Hölle Macht
Im Bund, hatt' er die Schlüssel deiner Sinne,
Entriegelte dem Todfeind auch dein Herz.
Und darum zeigen für den Menschen sich
Jene Gefallnen voller Majestät.
Doch wenn ein Engel oder Heiliger, Kind
Der Gnade, rein und aufrecht, unversehrt,
Dämonen trifft auf ihrem Beutezug –
Dann laufen sie davon wie Feiglinge!
Manch heil'ger Eremit in seiner Zelle,
Noch nicht entlastet seiner Sterblichkeit,
Hat ihrer Drohungen so oft gespottet;
Sterbend, wenn sie wie Fliegen um ihn schwärmten,
Getrotzt und fuhr zu seinem Richter ab.

Dämonen

Tugend und Laster
Scheidet der Knecht.
Alles ist recht!

Furcht vor der Hölle
Giftigen Flammen:
Der Feigen Art.
Wert, was er wert,
Sei er auch heilig!
Aus schlauem Verstand
Will er dienen um Lohn
Und trachtet doch nur
Nach dem Himmel droben
Aus schmutz'ger Gesinnung,
Nimmer aus Liebe!

Seele

Ich seh' die falschen Geister nicht; seh' ich
Den Herrn, wann ich zu Seinem Thron gelang',
Hör' ich zum mindesten Sein hehres Urteil,
Persönlich moduliert, wie dich, o Engel,
Ich höre, doch nicht sehe. Denn bis jetzt
Ist alles finster, seit die Welt ich ließ.
Soll ich nun bleiben blind durch meine Zeit
Der Buße, und wenn ja, wie kommt es denn,
Daß ich noch hör', noch schmecke und noch fühle,
Ohn' jeden Glanz des königlichen Sinnes,
Der alles eint, alles lebendig macht?

Engel

Gefühl, Geschmack, Gehör hast du jetzt keins;
Du lebst im Reich der Zeichen und der Bilder.
Sie bieten dir höchst heil'ge Wahrheit dar,
Stark und lebendig, die dich ganz umfaßt.

Leiblose Seele, hast du jetzt aus Recht
Mit nichts Verkehr, es sei denn mit dir selbst.
Doch daß so herbe Einsamkeit dein Sein
Nicht spreng', sind dir aus Gnade noch gegönnt
Wahrnehmungen geringerer Art und Grade,
Dir scheint's, durch die natürlichen Kanäle,
Durch Gaumen, Ohr und Nerv, die nicht mehr sind.
Du bist gewindelt und gehüllt in Träume,
In wahre Träume, doch vieler Rätsel voll.
Was dir in deinem gegenwärt'gen Stand gehört,
Erfährst du nur durch Zeichen und Symbole.
So redest du von Raum, Gestalt und Zeit,
Von Duft, von Festem, Bittrem, von Musik,
Von Feuer, von Erfrischung nach dem Feuer,
Wie (laß mich ird'sche Ähnlichkeit gebrauchen,
Zu helfen dir zum Wissen, das du suchst) –
Wie Eis dein Fleisch dir zu verbrennen scheint.
Du bist nicht ausgedehnt, hast Teile nicht
In Wechselwirkung eins – Gewohnheit täuscht dich –
Noch Macht, dich zu bewegen, kein Glied rührt sich.
Du hast gehört, wie Menschen, die die Hand,
Den Fuß verloren, noch schrieen, sie hätten Schmerz
In Hand und Fuß, als hätten sie sie noch!
So ist's mit dir, der weder Fuß noch Hand
Verlor'n – nein, alles, was als Mensch gegolten;
So wird es sein bis zu dem frohen Tag
Der Auferstehung, da du neu erhältst,
Was du verloren hast – verklärt und neu.
Wie eben nun vollendet Heilige
Gott sehn im Himmel, will ich nicht erklären.
Laß dir indes genügen den Besitz
Der Mittel, die dir jetzt gestattet sind,

Wiewohl du blind bleibst bis zur Sel'gen Schau.
Das Purgatorium, dem Feuer gleich,
Ist Feuer ohne Licht.

Seele

Sein Wille geschehe!
Ich bin nicht wert, zu sehen jemals wieder
Des Tags Gesicht, viel weniger Sein Antlitz,
Das Sonne selber ist. Und doch, im Leben,
Wann meiner Reinigung ich entgegensah,
War immer das mein letzter Trost, zu glauben,
Daß, eh' ich untersänk' in Sühneflammen,
Ein einz'ger Blick auf Ihn mir Stärkung gebe.

Engel

Voreilig nicht noch eitel war die Ahnung;
Du wirst Ihn sehen – einen Augenblick –
Ja – so wird's sein: Wenn du geladen wirst
Vor jenes hehre Tribunal, dein Los
Geworfen ist für immer, du sitzen sollst
Zur Rechten unter Seinen Auserwählten,
Dann wird ein Sehen, oder was das Herz
So nennt, im Strahl des Blitzes dir zuteil,
Und du wirst sehn, inmitten tiefen Dunkels,
Den deine Seele liebt und, ach, ersehnt –
Einen Augenblick; doch weißt du nicht, mein Kind,
Was du verlangst: dies Seh'n des höchsten Schönen
Wird freuen dich – es wird dich auch verzehren!

Seele

Du sprichst im Dunkel, Engel, und ein Schaudern
Faßt mich und eine Furcht, ich sei zu keck.

Engel

Da war ein Sterblicher, der in der Höhe,
Mitten im Ruhme weilt: ihm ward geschenkt
Kommunion mit dem Gekreuzigten,
So daß des Meisters Male in sein Fleisch
Gegraben; und aus solcher Agonie,
Durchrieselnd Leib und Seel' in der Umarmung,
Erkenne, daß die Flammen ew'ger Liebe
Verbrennen müssen, ehe sie verwandeln.

5
Im Hofe des Gerichtes

Engel

Wir gingen durch das Tor und sind nun innen
Im Hofe des Gerichts; auf Erden sind
Die Tempel und Paläste all aus Teilen,
Kostbar und rar, doch alle sind Materie;
Doch in der Welt der Geister nichts sich findet,
Zu bilden und zu formen sich zum Ganzen,
Was immateriell nicht ist; und so
Gesims und Fries und Stuf' und Balustrade,
Das Pflaster selbst ist aus Lebendigem –
Aus Wesen, heilig, selig und unsterblich,
Ohn' Unterlaß den Schöpfer hymnisch preisend.

Engel

Sie künden deine nah'nde Agonie,
Nach der du mich so hitzig hast gefragt,
Es wird des fleischgewordnen Gottes Antlitz
Mit scharfer und exakter Pein dich treffen.
Und doch: Erinn'rung, die sie hinterläßt,
Ein mächt'ges Fiebermittel, heilt die Wunde;
Und doch schafft sie die Wunde wieder neu,
Verschlimmert sie und weitet sie noch mehr.

Seele

Du sprichst geheimnisvoll; indes mir dünkt,
Ich kann das Wirrsal deiner Red' entwirren;
Doch lieber hör' ich deine Engelstimme,
Als daß ich selber mir dein Dolmetsch bin.

Engel

Siehst deinen Richter du, wenn das dein Los:
Sein Anblick wird in deinem Herz entzünden
Alles, was zart, anmutig, ehrfurchtsvoll.
Du wirst vor Liebe krank sein, nach Ihm schmachten
Und meinen, daß du Ihn bedauern mußt,
Weil solch ein Edler so sich selbst erniedrigt,
Daß ein erbärmlich Wesen so wie du
Ihn hat mißbrauchen dürfen so erbärmlich.
In Seinen ernsten Augen eine Sprache ist,
Die in das Herz dich trifft und dich verwirrt,
Du wirst verabscheun dich und hassen, denn,
Der Sünde bar, fühlst du, daß du gesündigt,
Wie du es nie gefühlt, und du wirst wünschen,
Hinwegzuschleichen, Seinen Anblick meidend,
Und doch ein Sehnen haben, ja zu weilen
Im Herz der Schönheit, das Sein Antlitz ist.
Gedoppelt Pein, sich widersprechend beide:
Das Sehnen nach Ihm, wenn du Ihn nicht siehst,
Die Scham bei dem Gedanken, Ihn zu sehen –
Das eben ist dein ärgstes Fegefeuer.

Seele

Ich bin bereit, ich habe keine Furcht –
Ich geb' mich Seiner Macht in Wohl und Weh.
Doch horch! Geheimnisvolle Harmonie,
Sie flutet über mich erhaben tief,
Wie Rauschen vieler Wasser.

Engel

Die Treppe haben wir erreicht, hinauf
Zu Seiner Gegenwart. An beiden Seiten
Ein Chor von mächt'gen Engeln steht Spalier,
In Hymnen preisend fleischgewordnen Gott.

Engel der heiligen Treppe

Vater, des Güte nur kennt, wer Dich sieht
Von Angesicht zu Angesicht.
Dem Menschen galt der unendliche Aufwand
Deiner siegenden Gnade.
Gefallener Mensch, Geschöpf vergänglichen Tages,
Taugt nicht als Maß dieser Liebe.
Es braucht, zu künden Deines Werkes Triumph,
Untilgbar Feuer, des Engels geistigen Raum.

Es braucht gerade jenen Engel, der schaudernd
In des Gartens Schatten stand,
Den großen Schöpfer in Seiner Schwäche sah –
Trost bracht' Ihm ein Geschöpf –,
Im Tode ringend als Opfer des Gesetzes,
Das Er doch selber schuf.
Wer kann Ihn preisen in Seinen Tiefen und Höhen,
Als der Ihn wanken sah im einsamsten Kampf?

6

Das Gericht

Engel

Nun ist dein Urteil nah; wir sind gelangt
Vor unsres Herrn verhüllte Gegenwart.

Seele

Ich hör', die ich auf Erden ließ, die Stimmen.

Engel

Du hörst an deinem Bett der Freunde Stimmen,
Betend das Subvenite mit dem Priester.
Hieher das Echo kommt; und vor dem Thron
Der große Engel steht der Agonie,
Derselbe, der Ihn stärkte, als Er kniete
Allein im Garten, rot betaut mit Blut.
Der Engel spricht am besten für Gequälte,
Die Seelen all im Sterben und im Tod.

Der Engel der Agonie

Jesus! Bei jener schaudernden Angst, die überfallen
Dich;
Jesus! Bei jener eisigen Schwäche, die geschüttelt Dich;
Jesus! Bei jenem Schmerze, der durchbohrte Dich;
Jesus! Bei jenem Berg der Sünden, der erdrückte Dich;
Jesus! Bei jener Schuld, erstickend Dich;
Jesus! Bei jener Unschuld, die umgürtet Dich;
Jesus! Bei jener Heiligkeit, die ausgezeichnet Dich;

Jesus! Bei jener Gottheit, die geeinigt Dich;
Jesus! Schon' diese Seelen, die Du zogst an Dich,
Die im Gefängnis ruhig, geduldig warten auf Dich;
Beschleunige ihre Stunde, Herr, heiß sie erreichen
Dich;
Die glorreiche Heimat, da sie immer blicken auf Dich.

Seele

Ich steh' vor meinem Richter...

Engel

Gepriesen sei Sein Name!
Der hitz'ge Geist ist meinem Griff entschnellt.
Mit der Gewalt der Leidenschaft der Liebe
Flieht hin er zu den teuren Füßen des Emanuel;
Doch eh' er sie erreicht, hat schon die strenge Heilig-
keit
Mit ihren Strahlen, einer Glorie gleich
Umkleidend und umzirkelnd den Gekreuzigten,
Ergriffen ihn, versengt, gerunzelt; nun
Liegt er passiv und still vor dem erhabenen Thron.
O glückliche leidende Seele! gerettet ist sie,
Verzehrt, doch belebt, weil Gott sie angeblickt.

Seele

Nimm mich hinweg und in der tiefsten Tiefe
O laß mich sein,
In Hoffnung die einsamen Nächte wachen
Bestimmt für mich.

Dort glücklich in der Pein, wiewohl allein,
  Doch nicht verlor'n, –
Sing' unaufhörlich ich mein traurig Lied,
  Bis Morgen ist.
Dort sing' ich sänft'gend das geschlagne Herz,
  Das ohne Rast
Nun schmachtet, schmerzt und klopft, bis es besitzt
  Den einz'gen Trost,
Dort sing' ich meinem Herrn, der mir noch fern.
  Nimm mich hinweg,
Damit ich früher wiederkehr' und steige,
Zu sehen Ihn in ewigen Lichtes Wahrheit.

7
Im Purgatorium

Engel

Nun öffnen sich des goldnen Kerkers Tore,
Wie hold ist die Musik, wenn sie sich drehen
Bequem in ihren Angeln. Große Mächte,
Engel des Purgatoriums, empfangt
Mein Mündel, teuer erkaufte Seele,
Bis frei von jeder Reu und jeder Haft
Ich sie verlange für das Reich des Lichts.

Seelen im Purgatorium

1. O Herr, du bist unsre Zuflucht gewesen: von Geschlecht zu Geschlecht.
2. Ehe denn die Hügel geboren waren und die Welt ward: von Ewigkeit zu Ewigkeit bist Du, o Gott.
3. Stoß uns nicht, o Herr, in den Abgrund; Du hast gesagt: Kehret wieder zurück, ihr Söhne Adams.
4. Tausend Jahre sind vor Deinem Auge wie der gestrige Tag, und wie eine Nachtwache, die, kaum begonnen, schon vorbei.
5. Das Gras keimt auf am Morgen: am Abend ist es dürr und welk.
6. Wir gehen irre vor Deinem Zorn, wir sind verwirrt in Deinem Grimm.
7. Du hast unsere Sünde vor Dein Auge gestellt: all unsere Tage in das Licht Deines Antlitzes.
8. Kehre zurück, o Herr! Wie lange noch: vernimm das Flehen Deiner Diener.

9. Am Morgen sollen wir voll werden all Deines Erbarmens: freuen sollen wir uns und Lust haben all unsre Tage.
10. Wir werden froh sein nach dem Maß der Tage unsrer Erniedrigung: und der Jahre, die schlimm waren.
11. Blick, o Herr, auf Deine Diener und auf Dein Werk und führe ihre Kinder.
12. Und laß die Schönheit des Herrn unsres Gottes über uns leuchten; und das Werk unsrer Hände: vollbringe Du es.

Ehre sei dem Vater und dem Sohne und dem Heiligen Geist,
Wie es im Anfang war und in alle Ewigkeit. Amen.

Engel

Freundlich und sanft, Seele, erkauft durch Blut,
Umfang' ich liebend dich mit meinen Armen,
Über der dunkeln Wasser bittre Flut
Lass' ich dich langsam nieder voll Erbarmen.

Behutsam tauch' ich in die Wasser dich,
Du wehrst dich nicht und leidest's wortlos gerne,
Blitzschnell bewegst du durch die Fluten dich,
Sinkst tief und tiefer in der blassen Ferne.

Engel, getreu willkommenem Befehl,
Sind hütend, wartend, stillend deine Nächsten.
Bitten im Himmel, Messen für die Seele
Sind Hilfe dir vorm Thron des Allerhöchsten.

Leb wohl! Doch nicht für immer, Bruder mein!
Sei tapfer, duld auf deinem Bett der Sorgen,
Rasch wird der Läuterung Nacht vorüber sein,
Dann komm' ich wieder. Ich hole dich am Morgen.

John Henry Newman
Übersetzt von Theodor Haecker

TRAUERT NICHT WIE DIE DIE KEINE HOFFNUNG HABEN

Um den Sinn einer Wirklichkeit zu finden, muß man sie beobachten und nach Möglichkeit »erleben«. Drum stehen wir hinsichtlich des Todes vor einer einzigartigen Lage. Wir nehmen vom Tod der anderen, dem einzigen, den wir kennen, nur den äußeren, den am wenigsten bedeutenden Vorgang wahr: das Dahinscheiden.

In der Tat, welch ein Unterschied im Erleben einer Abreise, ob ich nun das Fortgehen eines anderen erleide oder ob ich mich selbst auf den Weg mache! In beiden Fällen stelle ich eine Trennung fest: doch ist mir jene schmerzlicher, bei der ich selber hierbleibe: der Verlust ist für mich ohne Ausgleich; auf die Fülle folgt Leere. Gehe ich hingegen selber weg, so leide ich wohl am Losreißen, doch werde ich alsbald durch die Entdeckung des Unbekannten davon abgelenkt: neue Ereignisse ersetzen die früheren. Die Reise gibt dem Abschied Sinn. Wer hat daher die genauere Sicht darauf: der, der bleibt, oder jener, der geht; der, der nur die Kehrseite des Weggehens erlebt, oder jener, der die Erfahrung des Weges macht?

Der Tod ist ein Weggehen. Als Zuschauer erleiden wir nur den Schmerz des Losreißens. Doch ist unsere Art zu sehen die einzige und die beste? Ist sie nicht die Kehrseite einer anderen, die sich nur jenem auftut, der da scheidet?

Roger Troisfontaines

Wir verstehen nur das Leben, nicht den Tod. Im Angesicht eines geliebten Toten spüren wir eine Abwesenheit von unheimlicher, problematischer Art. Dieser Mensch ist auf eine entsetzlich rätselhafte Weise abwesend geworden. Wir haben den unabweislichen Eindruck: er ist, aber er ist als Abwesender. Der Leichnam ist das in die Augen fallende Kennzeichen dieser Abwesenheit. Darum ist die Erfahrung des Todes, die wir an der Bahre eines teuren Menschen machen, eine komplizierte, mehrdeutige Erfahrung, weil es sich für uns nicht um eine Vernichtung, sondern um eine Abwesenheit handelt. Der Tod ist der Augenblick, wo dieser Mensch aufgehört hat, der uns vertrauten Welt des Lebens eingegliedert zu sein, und in eine neue Dimension seines Lebens eingetreten ist, in die uns unsere Daseinsform jedes Eindringen unmöglich macht. Daher ist auch der erste Eindruck, den unser Gefühl von dem Toten empfängt, der einer Entfernung, einer Entfremdung. Er hat uns im Stich gelassen. Wir samt unseren Angelegenheiten sind ihm unendlich gleichgültig geworden. Mit einem Toten kann man nichts anfangen als ihn begraben.

Für dieses traurige Überbleibsel seiner Persönlichkeit gibt es keine andere Zuflucht als den feuchten Schoß der Erde, der in mütterlicher Scham die Verwesung des Leibes verbirgt, den sie im nimmermüden Lebensdrang zum Licht geboren hat.

Karl Pfleger († 1975)

Der Tod meines Simon zwingt mich, den Tränen freien Lauf zu lassen. Nun verstehe ich die Bangigkeit, die mich letzte Nacht befiel, die schreckhaften Träume: es war wohl eine Vorahnung, daß mir der Freund so unerwartet entrissen würde.

So ist denn, woran ich nicht einmal denken mochte, geschehen. Wozu mich verstellen? Dann würde dieser Schlag mich vielleicht vollends niederdrücken. Nein, was in mir bohrt, möge sich Luft machen in Tränen und lauten Worten.

Erbarmt euch, erbarmt euch, ihr meine Freunde, denn Gottes Hand hat mich getroffen. Wundert ihr euch, daß ihr mich weinen seht? Wen sollte es nicht wundern, daß Aelred ohne Simon leben kann! Nur den, der nicht weiß, welch ein Glück es war, miteinander durchs Leben zu gehen – welch ein Glück es gewesen wäre, hätten wir gemeinsam zurückkehren dürfen in die ewige Heimat.

Du aber, geliebter Freund, wehre meinen Tränen nicht. Mein Seufzen sei dir nicht lästig. Wenn ich stöhne, so nicht aus Verzweiflung, sondern aus Liebe. Verbiete mir die Tränen nicht. Laß mich mein Leid beweinen. *Mein* Leid, sage ich, denn keineswegs ist dein Tod beweinenswert. Ihm ging ja ein so liebenswertes Leben voraus. Schon die Entschiedenheit, mit der du deiner Berufung folgtest, die Beharrlichkeit, mit der du dann im Kloster lebtest – ein so zarter, schöner, verwöhnter Junker wie du warst! Wie Abraham verließest du deine Heimat, deine Sippe, das Vaterhaus und wandertest fort, ohne zu wissen, wohin, und landetest, ohne zu wissen, wo. Doch Er, der dich führte, wußte es, Er, der dein junges Herz mit dem Feuer seiner Liebe entflammt hatte.

Von dir, Herr Jesus, war dieser junge Mensch beschenkt und begnadet. Und alles, was du ihm gegeben hast, erstattete er dir zurück. Von dir hatte er diese Hingabe der Seele, diese Glut des Glaubens, diesen Feuerbrand der Liebe – und alles hat er auf deinen Altar gelegt.

Dein ist alles, Herr! Nun hat er sich selber dargebracht, und du hast das Opfer in deinen Tempel aufgenommen. Dort ruht er nun aus, mein Simon, im Schoß Abrahams – *mein* liebster Freund, *dein* »armer Lazarus«, Herr Jesus. Dort ruht er, übergegangen vom Tode zum Leben, aus der Arbeit in die Ruhe, aus dem Elend in die Glückseligkeit.

Siehe, ich hatte angefangen zu trauern, und nun entdecke ich, daß ich Grund zur Freude habe. Ja, Grund zur Freude! Doch diesen Grund finde ich in dir, mein Bruder, nicht in mir. Deinetwegen freue ich mich. Meinetwegen bin ich traurig. Du darfst fröhlich sein, ich bin beklagenswert, der ich ohne Simon leben muß. Mir ist, als hätte man mir das Herz aus der Brust gerissen. Und da sagt man, ich lebe! O armseliges Leben ohne Simon! Jakob weinte um seinen Sohn. Joseph um seinen Vater. Der Gottesfreund David um seinen Vertrauten Jonathan. Das alles zusammen war mir mein Simon. Mein Sohn dem Alter nach, mein Vater durch seine Heiligkeit, mein Freund durch die Liebe. Beweine also, du Armer, deinen Vater, deinen Sohn, deinen Freund! Weine, nicht weil er aufgenommen, sondern weil du zurückgeblieben!

Mein Vater, mein Sohn, mein Freund, gäbe man mir doch, mit dir zu sterben! Ich möchte keineswegs statt deiner gestorben sein. Das hieße nicht an dich, sondern an mich selber denken. Die bereits im Frieden sind, darf man nicht zurückwünschen ins Elend dieses Lebens. Ich trauere um den Herzensfreund, der mir entrissen worden ist; ich freue mich, daß er in die ewigen Zelte aufgenommen wurde. Das Herz hat Heimweh nach seiner süßen Gegenwart; die Vernunft jedoch verbietet mir, zu wollen, daß die aus den Banden des Fleisches erlöste Seele, die ich so liebe, von neuem den Nöten des Fleisches ausgesetzt würde.

Er, der bereit war, ging mit dem Bräutigam ein ins Hochzeitsgemach. Mir Unwürdigem ist die Tür noch verriegelt. Ach, Herr Jesus, daß doch auch mir bald geöffnet würde! Ich habe meinen Schatz vorausgeschickt, den besseren Teil meines Ichs. Daß doch, was zurückblieb, bald folgen dürfe! Wo mein Schatz ist, da ist mein Herz.

Was hast du also erreicht, o bitterer Tod? Was hast du gewonnen? Gewiß: du bist in das Zelt eingedrungen, in dem er während seiner Pilgerschaft hauste. Aber du hast nur die Kette gesprengt, die ihn hielt. Wohl hast du die Hütte zertrümmert, in der er während dieses Lebens wohnte, aber dadurch hast du ihn von den Lasten befreit, die ihn beschwerten. »Wir wissen«, sagt der Apostel, »daß, wenn diese unsere irdische Hütte abgebrochen wird, wir einen Bau von Gott empfangen werden, ein nicht von Händen gemachtes ewiges Haus im Himmel.«

Aber das der Erde übergebene Fleisch löst sich in Staub und Asche auf! So sagst du, Tod. Ja, gewiß!

Doch was gibt es da zu triumphieren? Es starb, um wieder aufzuleben. Es wird zerstört, um herrlicher wieder aufgebaut zu werden. Ausgesät in Verweslichkeit, wird es erstehn in Unverweslichkeit. Gesät in Niedrigkeit, wird es auferwachen zur Herrlichkeit. Gesät wird ein sinnlicher Leib, auferweckt ein geistiger Leib.

Wo ist da, Tod, dein Sieg? Wo ist da, Tod, dein Stachel? Es sah aus, als habest du ihn zugrunde gerichtet; es zeigt sich, daß du ihm genützt hast. Das Gift, das du verspeien kannst, traf nur mich. Ihn fielest du an; nur mich hast du verwundet. Was an seinem Tod bitter und herb ist, fällt auf mich, dem der Lehrer des Lebens, der Führer der Wanderschaft genommen worden ist.

Weinet also, ihr meine Augen! Spendet zur Totenfeier, was immer ihr habt. Warum soll ich mich schämen? Wenn wir weinen, so rechtfertigen uns deine eigenen Tränen über den Tod deines Freundes Lazarus, Herr Jesus. Wie süß sind mir deine Tränen! Wie wohl tut dein Trauern meinem Herzen. »Siehe«, so sagten damals die Leute, »wie sehr er ihn geliebt hat!«

Du aber, liebe Seele, wende dich deiner Ruhe zu, denn der Herr hat freundlich an dir gehandelt. Schwing dich hinüber zur Stätte des herrlichen Zeltes, zum Hause Gottes, jubelnd und lobsingend. Ich begleite dich mit meinen Tränen, mit meinen Gebeten, mit meiner Liebe.

Der selige Abt Aelred von Rieval († 1166)

Am 14. September verschied meine Frau. Wie ihr Leiden ein langwieriges war, wechselvoll und von seltener Schwere, so war ihr Sterben hart und bitter, ohne daß indes Leiden und Sterben ihre Wesenheit im mindesten hätten beeinträchtigen können. Nicht einmal in den quälendsten Wochen vermochte das grausame Übel die Würde ihres bewußten Selbsts zu verringern oder auch nur anzutasten; vielmehr schien sich ihre ganze Person erst jetzt zu ihren höchsten Möglichkeiten emporzustraffen. Denn als ich bei der Pflege einmal die Frage nicht unterdrücken konnte, die wohl auch eine Anklage, ja Auflehnung war, warum nämlich gerade sie vom Geschick ausgewählt sei, so Furchtbares zu erdulden – da traf mich ein überwältigender Blick ihrer großen, immer noch herrlich klaren und wachen Augen, und mit einem fast schneidenden Klang in ihrer sonst so sanften Stimme verwies sie mich: »Damit ich mich bewähre!« Als sich mir aber bald hernach dieselben Klagelaute abermals entpreßten, wendete sie ihren vorigen Ausspruch, der wie kein zweiter das Geheimnis ihres Selbstes kundbar machte, durchweg ins Unbedingte, Allgemein- und Endgültige: »Die Frage nach dem Warum ist uns Menschen nicht gestattet!«

Am Abend dieses Tages wagte ich seit langer Zeit zum erstenmal wieder zum Himmel hinaufzublicken. Er strahlte nur matt in der silbernen Helligkeit einer nachsommerlichen Neumondnacht über dem stillen See. Und es fielen mir die in der Jugend so bewunderten, seither aber fast vergessenen Worte Kants ein:

vom gestirnten Himmel über mir und vom Sittengesetz in mir. Denn wahrlich, über mir prangte das unermeßliche Geräume der Welt in den ihm anerschaffenen Ordnungen – hier unten jedoch, in der dunkelnden Krankenstube, besiegelte eine Frau, zäh, aber hoffnungslos mit dem Tode ringend, das innere Gesetz ihres Daseins; besiegte sie den allmächtigen Tod selber. Was war da noch hinzuzusetzen, wegzuwünschen, zu beklagen oder vollends anzuklagen? Wie mit einem Schlage war die Welt jetzt rund und heil, vollkommen und »bewährt« – wie oben, so auch unten, nach dem Willen ihres Schöpfers. Mir aber deuchte der stumme Himmel von einem großen Jubel zu ertönen.

+

Ich habe vierzig Jahre mit dieser Frau und ich muß sagen: von ihr gelebt. Aber erst das einundvierzigste ihres beispiellos grausamen, von der Naturseite her grausamen Hinsterbens hat mich völlig erkennen lassen, wer sie war und welche Gnade mir zuteil geworden ist, daß ich sie vier Jahrzehnte zur Seite hatte. »Ich bin dein Spiegel«, war eines ihrer letzten Worte an mich, bevor der zehnstündige, furchtbare Todeskampf anhob. Das himmlische, alles-wissende Lächeln, das dabei um ihre Lippen spielte, hat sie zu Gott mitgenommen und werde ich mitnehmen zu ihm.

Leopold Ziegler

DER GRABSPRUCH

– aus einer Meditation über das Sterben Peter Wusts –

Hier ist armes, von der Urangst der Kreatur erfaßtes, vor dem Tod erschrecktes, unter Schmerzen stöhnendes Menschentum. Lebendiges Bild eines Elends, das vor Elend stumm geworden ist. In der Karwoche des Herrn, die auch seine Karwoche war, trägt er seine stummen Schreie in das Notizbüchlein ein. »Wo seid Ihr alle? Kommt doch ein bißchen her. Der Zustand, in dem ich die letzten Tage lebe, ist im Grund eine Höllenqual.« »Meine Kräfte sind völlig am Ende. Seit acht Tagen nicht mehr gegessen.« Und immer wieder: »Es ist eine Höllenqual, die ich durchleide, Tag und Nacht.« »Soll denn der Tod noch nicht nahe sein? Ich kann nicht mehr.«

Peter Wust, auch im Sterben noch offenherzig ehrlich wie ein Kind, starb nicht mit ihm wesensfremden heroischen Worten und Gebärden. Er fürchtet zuerst den Tod, und wenn er ihn zuletzt herbeiruft, so so tut er es, weil der Tod der Erlöser aus der »Höllenqual« ist. Er verheimlicht das nicht, im Gegenteil, er schreibt es, solange er noch kann, in die Briefe für seine Freunde hinein und schließlich in die Notizen für seine Umgebung. Gegen jeden Versuch, so etwas wie einen Helden oder Heiligen aus ihm zu machen, erhebt er einen buchstäblich »lapidaren« Dauerprotest mit der von ihm bestellten Inschrift seines Grabes (aus dem Dies irae des Requiem):

Qui Mariam absolvisti et latronem exaudisti, mihi quoque spem dedisti – Der du Maria, der Sünderin, vergeben und den Schächer erhört hast, hast auch mir Hoffnung gegeben. Das ist sein einziger Ehrgeiz: Hoffnung haben zu dürfen. Hoffnung, nicht mehr auf Verlängerung der Lebenszeit, nicht auf literarische Geltung, nicht auf philosophische Leistung, nein, Hoffnung mit einem ewigen Inhalt, Hoffnung auf Gott und das wahre, das eigentliche Leben.

Alles, was er gedacht und ergrübelt, was er erlebt und erlitten, man möchte fast sagen, was er sich »erstorben« hat, was er sich im Akt des Sterbens errungen hat, ist in dem Wort Hoffnung ausgedrückt. Und darum muß das Wort von der Hoffnung ein zweites Mal auf dem Grabstein stehen: In te, Domine, speravi, non confundar in aeternum – Auf dich, Herr, habe ich gehofft, ich werde nicht zuschanden werden in Ewigkeit.

Dieser Psalmvers ist das Schlußwort des mächtigen Lobgesanges Te Deum. Gott loben und die Hoffnung des ewigen Lebens haben ist ein und dasselbe. Der empirische Mensch stammelt manchmal sein De profundis, und er hat ein Recht dazu, da er ja in den Tiefen von Not und Tod und Sünde liegt. Aber gerade in solchen Tiefen erwacht und erstarkt der überempirische, der übernatürliche Mensch, der mit der Gewißheit eines neuen, unsterblichen Lebens das sterbliche Leben verläßt. Und diese Gewißheit wird nie »zuschanden« werden: das ist Peter Wusts Vermächtnis.

+

Um Gottes willen, laßt mich *menschlich* sterben, nicht übermenschlich, *nicht ohne Hilfe!* Laßt mir meinen Gott, damit ich menschlich sterbe. Laßt mir einen Gott, der einen Namen hat und ein Gesicht, von dem wir mit aller Gewißheit glauben können, daß er mit dem Menschen gesprochen hat, und mit dem wir auch sprechen können. Dem wir sagen können, leise und laut und selbst im Schreien, daß wir Nerven haben und darum auch Schmerzen und Angst und daß wir, wir Durchschnittsmenschen, erst dann gerne sterben, wenn uns das Weiterleben zu weh tut. Und warum sollen wir das nicht sagen, nachdem Er selber, Er, der menschgewordene Gott, unter Blutschweiß gesagt hat, daß ihm vor seinem Sterben graue?

Und so hat es Peter Wust gehalten. Er hat den Menschen und Gott seine Angst nicht verschwiegen. Er hat in den Handspiegel geschaut, und das Entsetzen starrte aus seinen Augen, als sie sich selbst erblickten mit dem vom Krebs verwüsteten Gesicht darunter. Aber dann glitten sie ab auf den furchtbaren Gekreuzigten des Matthias Grünewald, der vor ihm auf der Decke lag. Der arme Mensch braucht Hilfe im Sterben, und *das ist Hilfe*.

+

Peter Wust entsetzt sich und klagt, aber er sagt ja zur Verwüstung seines Leibes, zu Schmerz und Tod. Er schlägt in der Karwoche das Morphium ab. Was der Philosoph von jedem Menschen verlangt, der nach Selbstverwirklichung strebt: daß er sich nicht sterben lasse, sondern mit vollem Bewußtsein und herzhafter Einwilligung sterbe – das vollbringt Peter Wust. Nicht aus eigener Kraft, die eigene Kraft ist zuletzt nur Ohnmacht, das weiß er aus der »grauenvollen« Erfahrung des Sterbenmüssens. Die Bekehrung des empirischen Ichs zum Sterbenwollen braucht göttliche Hilfe. Dieses Verständnis und Einverständnis mit dem Sterben als der Hochschule des absoluten Erziehers, als ein schmerzvolles Ergriffenwerden von den Tiefen der göttlichen Liebe – ist das nicht der entscheidendste Beitrag, den der arme Mensch für die Vollendung seines ewigen Wesenskerns leisten kann?

Denn was zu tun noch übrigbleibt, das kann er selber nicht tun, er ahnt nicht einmal, was zu tun wäre, er überläßt es »dem Vater aller Barmherzigkeit und aller Tröstung«, wie der heilige Paulus sagt. Und mit dem heiligen Petrus hat er die Gewißheit: »Der Gott aller Gnade, der uns nach kurzem Leiden durch Jesus Christus zu seiner ewigen Herrlichkeit berufen hat, wird uns *vollenden*, stark machen und auf den festen Grund stellen.«

Karl Pfleger († 1975)

DIE VERGEBUNG

Nach dem Tod Rabbi Abrahams, in der Nacht nach den sieben Tagen der Trauer, träumte seine Frau. Sie sah eine weite Halle, darin ein Halbrund von Thronen, auf jedem Thron ein Gewaltiger. Ein Tor öffnete sich, einer trat ein, den andern ähnlich, ihr Mann Abraham. Er sprach: »Ihr Gefährten, mein Weib ist mir gram, weil ich auf der Erde abgeschieden war. Das Recht ist bei ihr. Es tut mir not, daß ich ihre Vergebung erlange.« Die Frau rief: »Mit dem ganzen Herzen ist dir vergeben«, und erwachte getröstet.

Chassidische Erzählung

Welche Freude, welches Entzücken ergreift die Seele, wenn nach der Trennung vom Leibe die Engel ihr entgegengehen und sie dem Angesicht Gottes darbringen.

Wenn ich gestorben bin, kommt zu meinem kleinen Grab! Kommt nur, wenn ihr Zeit habt, und je öfter, desto besser. Alles, was euch auf der Seele lastet, wenn es euch nicht gut geht, oder ihr habt etwas, das euch betrübt – kommt zu mir und bringt euren Kummer mit an mein kleines Grab. Fallt zur Erde nieder, und erzählt mir alles wie einem Lebenden, und ich werde euch hören, und dann wird euer Kummer schnell verflogen und ganz vorüber sein! Für euch lebe ich noch und werde ewiglich leben.

Der heilige Starez Serafim von Sarow († 1833)

Gepriesen sei, der die Toten lebendig macht!
– Oh, wie bitter ist, meine Brüder,
der Kelch des Todes;
auch die Nüchternen berauscht er,
so daß sie unter Tränen irre werden.
– Durch das Abscheiden des Toten
wird auch der Standhafte überwältigt,
und er klagt erschüttert über den Freund,
der dahinging.
– Es schreit auf in seiner Liebe,
der zurückblieb,
klagend um den Gefährten, der ihm entrissen
und dessen Umgang, dessen Stimme ihm nun fehlt.
Gepriesen sei, der die Toten lebendig macht!
– Wer vermag schon Abraham nachzueifern,
der stark genug war,
seines Leibes Frucht, Isaak,
um des Herrn willen dem Tod zu weihen?
– Er war die Säule der Wahrheit,
tragend ihre Last für das Volk;
der Schmerzen Wogen erschütterten ihn,
doch brachten sie ihn nicht ins Wanken.
– Wie ein Winzer,
der an seinem unfruchtbaren Weinstock
endlich eine Frucht erblickt,
brachte er die späte Traube
als seinen Erstling Gott dar.
Gepriesen sei, der die Toten lebendig macht.
– Der Wein des Todes ist Hefe,
die in Schmerzen aufbraust,

mit Tränen macht er die Zecher trunken,
mit Weinen die Gäste.
– Wer immer von Liebe trunken ist,
aber aus Liebe zur Wahrheit
seine Traurigkeit besiegt,
wird den Freund, der von ihm schied,
sehen wie in einem Traum.
– Vielleicht hatte er schon mal geträumt,
sein Freund liege im Sterben;
doch dann kam der Morgen
und nahm den Schmerz des Traumgesichts hinweg.
– Wie gleicht doch der Tote
dem nur im Traum Entschlafenen!
Und wie gleicht der Tod
dem Traum
und die Auferstehung dem Morgen!
Gepriesen sei, der die Toten lebendig macht!
– Die Wahrheit wird uns einstens aufleuchten
wie Licht dem Auge,
und wir werden den Tod betrachten
wie ein ängstigendes Traumgebilde.
– Ein Tor, wer meint,
nur der Schlaf höre am Morgen auf,
während der Tod ein Schlaf sei,
der ewig währt.
– Wem die Hoffnung das Auge erleuchtet,
der schaut das Verborgene
und daß der Schlaf des Todes
an jenem Morgen endigt.
– Jetzt ist er entschwebt, der Wunderduft des Lebens,
hat den Körper verlassen,

das Wohnzelt der Seele,
dem sie schaudernd entfloh.
– Herrlich wird er wieder sein
in Schmuck und Pracht,
der geliebte Tempel des Geistes –
wiederhergestellt,
was nie zuvor war.
Eine Wohnung des Friedens!
– Die Stimme der Posaune
ruft den verstummten Seelen-Harfen zu:
»Wacht auf, lobsinget und spielt
vor dem Bräutigam eure Lieder!«
– Welch ein Rauschen von Stimmen,
wenn die Gräber sich öffnen;
einer nach dem andern in seine Harfe greift
und Jubellieder anstimmt.
– Preis sei dir, der du Adam erhöhtest,
als er noch schuldlos war!
Preis sei dir,
der du ihn zur Unterwelt niederbeugtest,
als er sich überhob!
– Lob sei dem, der erniedrigt.
Lob sei dem, der wieder auferweckt!
Möge auch meine Zither bei ihrer Auferstehung
ihrem Herrn lobsingen.
Gepriesen sei, der die Toten lebendig macht!

Der Heilige Ephräm der Syrer († 373)

EPILOG

Der Unsterblichkeit gewiß

Es gibt Erfahrungen, die die Gewißheit der Unsterblichkeit vermitteln.

Da ist an erster Stelle der traditionelle mystische Weg zu nennen: »Läuterung«, »Erleuchtung« und »Vereinigung« lassen schon in diesem Leben die drei Stufen des Weges der menschlichen Seele nach dem Tod erfahrbar werden – durch das Fegefeuer zum Himmel und durch den Himmel zu Gott.

Man findet diesen Weg nicht nur bei den großen christlichen Mystikern, man findet ihn schon in vorchristlichen Lehren und in den großen heidnischen Mysterien (wie den ägyptischen etwa): überall sind es die drei Stufen der Katharsis (Läuterung), des Photismos (Erleuchtung) und der Henosis (Vereinigung oder Identifikation mit dem Göttlichen), die den Menschen ein Erfahrungswissen von den nachtodlichen Zuständen und die Gewißheit der Unsterblichkeit vermittelten.

+

Konzentration bedeutet Einübung in die »Kunst des Vergessens«; die tiefe Sammlung der Meditation ist Einübung in die »Kunst des Schlafens«; Kontemplation ist Einweihung in die »Kunst des Sterbens«.

Wer die Kunst des Vergessens, des Schlafens, des Sterbens beherrscht, kommt zur mystischen Erfahrung der Vereinigung der Seele mit Gott. Also zur absoluten Gewißheit der Unsterblichkeit.

Läuterung, Erleuchtung und Vereinigung: das ist der ewige Weg der Mystik, und niemand kann einen anderen finden oder erfinden. Man kann ihn wohl in dreiunddreißig Wegstrecken einteilen oder gar in neunundneunzig, wenn man will, man kann ihn intellektuell darstellen oder durch schöne und einfache Symbole, man kann ihn in verschiedenartigen Terminologien darbieten (in Sanskrit, kabbalistisch, griechisch, lateinisch), aber man wird es immer mit demselben Weg der ewigen Mystik zu tun haben. Es gibt keinen anderen Weg als den der Läuterung, Erleuchtung und Vereinigung – es gab nie einen anderen und wird niemals einen anderen geben.

+

Nicht Gespenstererscheinungen vermitteln die Gewißheit, daß bereits Verstorbene noch existieren. Die Gewißheit, daß mit dem Tod nicht alles aus ist, daß der Sterbende seinen Tod überlebt, gründet anderswo: in der Erfahrung des eigentlichen Kerns des menschlichen Wesens in seinem Zusammenhang mit dem Hauch, dem Licht, der Wärme Gottes. Die Gewißheit der Unsterblichkeit stammt aus der Teilhabe an dem, was innerlich unzerstörbar und darum unvergänglich ist. Wer je seinen eigenen Wesenskern erfahren hat, das heißt, wer einmal *wahrhaft* er-selbst gewesen ist – hindurchgegangen durch den Göttlichen Hauch, gebadet im Göttlichen Licht und durchglüht von der Göttlichen Wärme –, der weiß, was Unsterblichkeit ist und daß er unsterblich ist.

Er verdankt seine Sicherheit nicht irgendwelchen Argumenten, sondern der Erfahrung. Insofern ist solche Gewißheit der Unsterblichkeit absolut, das heißt: unabhängig von Argumenten. Denn nicht in der Stichhaltigkeit der Argumente, die einer aufzubieten hat, gründet seine Gewißheit. Er ist deshalb seiner Unsterblichkeit absolut gewiß, weil er einmal den Kern seines eigenen Wesens in seiner wesenhaften Beziehung zu Gott erfahren hat.

Nach der geistigen Lehre der »Meditationen über die Großen Arcana des Taro«

TEXTNACHWEISE

Vorbemerkung: Viele unserer Texte stellen eine Art von Zusammenschnitt aus wesentlich umfangreicheren Texteinheiten dar; anders hätten wir sie im Rahmen dieses Bändchens dem Leser nicht vermitteln können. Auch sonst mußten zahlreiche kleinere Kürzungen vorgenommen werden, um bei den spärlich bemessenen Seiten die Texte auf das hier Wesentliche zu konzentrieren. Alle Auslassungen durch Punkte zu markieren, würde die Lesbarkeit wesentlich beeinträchtigt haben. Es wurde darum auf solche Kürzungshinweise verzichtet.

Wo die zitierten Übersetzungen nicht immer wörtlich wiedergegeben wurden, sondern teilweise in einer freieren Übertragung, um sie als »Texte zum Nachdenken« lesbarer und verständlicher zu machen, weist die Bezeichnung »Textgrundlage« auf eine freiere Übernahme der angegebenen Übersetzung hin.

Noch nicht reif zur Ernte
Aus: Isaak von Antiochien, Gedicht über die Buße.
Ausgewählte Schriften der syrischen Dichter, übersetzt von P. S. Landersdorfer (Bibliothek der Kirchenväter) Kempten und München 1912 – Textgrundlage S. 69ff.

Ich werde nicht sterben, sondern leben
Aus: »Nun freut euch lieben Christen gmein« – Luthers Wort in täglichen Andachten, zusammengestellt von Karl Witte, Berlin 1955, S. 301 f.

Ein-Bildungen
Aus: Martin Luther, Ein Sermon von der Bereitung zum Sterben.
Martin Luther, Ausgewählte Werke, herausgegeben von H. H. Borcherdt und G. Merz, Bd. I, München ^{3}1963, S. 357ff.

Ende der Philosophie
Aus: Karl Pfleger, Dialog mit Peter Wust, Briefe und Aufsätze, F. H. Kerle-Verlag Heidelberg 1949, S. 245, 268f., 279.

ER hängt neben dir am Kreuz
Aus: Jakob von Batnä in Sarug, Gedicht über den rechten Räuber. Ausgewählte Schriften der syrischen Dichter, a.a.O. S. 362ff. – Textgrundlage.

Ein gewaltiges Werk der Gemeinschaft
Aus: Martin Luther, Ein Sermon von der Bereitung zum Sterben, a.a.O. S. 366f.

Ich höre die Stimme meines Freundes
Aus: Sefer Hachajim, herausgegeben von S. G. Blogg, 11. Auflage, bearbeitet von A. Sulzbach, Basel o. J., S. 45ff.

Die Anbefehlung der Seele
Aus: Rituale Romanum Papst Pauls V. Ordo commendationis animae. Collectio Rituum ad instar Appendicis Ritualis Romani pro omnibus Germaniae Dioecesibus, 3. Auflage, Regensburg o.J. – Textgrundlage S. 75ff.

Die Hoffnung der Hoffnungslosen
Aus: Begräbnis-Ritus und einige specielle und alterthümliche Gottesdienste der Orthodox-Katholischen Kirche des Morgenlandes, deutsch und slavisch von Alexios von Malzew, Berlin 1898 – Textgrundlage.

Des ›Alten Mannes‹ Traumgesicht vom Heimgang der Seele
Aus: John Henry Newman, Der Traum des Gerontius, übertragen und eingeleitet von Theodor Haecker, 3. Auflage, Freiburg.

Perspektiven des Abschieds
Aus: Roger Troisfontaines, Ich sterbe nicht..., Freiburg 1964, S. 108. © Editions Universitaires S. A. / Jean-Pierre Delarge.

Am entseelten Leib
Aus: Karl Pfleger, Dialog, a.a.O. S. 331ff.

Unter Tränen
Aus: Abt Aelreds Nachruf auf seinen Freund Simon.
»Die heilige Freundschaft« des seligen Abtes Aelred von Rieval, übersetzt von Karl Otten, 3. Auflage, München o. J. – Textgrundlage.

Warum?
Aus: Reinhold Schneider – Leopold Ziegler, Briefwechsel 1935–1956. Kösel-Verlag München 1960, S. 93f., 87f.

Der Grabspruch
Aus: Karl Pfleger, Dialog, a.a.O. S. 331ff.

Die Vergebung
Aus: Martin Buber, Die chassidischen Bücher, Berlin o. J., S. 419.

Kommt ans Grab
Aus: Igor Smolitsch, Leben und Lehre der Starzen, Wien 1936, S. 256.

Das Ende des Traums
Aus: Des heiligen Ephräm des Syrers Nisibenische Hymnen, übersetzt von Adolf Rücker, in: des Heiligen Ephräm des Syrers ausgewählte Schriften, Bd. I (Bibliothek der Kirchenväter), Kempten und München 1919, S. 303ff. – Textgrundlage.

Der Unsterblichkeit gewiß
Nach den »Meditationen über die Großen Arcana des Taro«, herausgegeben von Ernst von Hippel, Meisenheim am Glan 1972, S. 288ff. – Textgrundlage.

BILDNACHWEIS

S. 7 Ikone „Entschlafung der Gottesmutter“ von Theophanos dem Kreter (1546). Stavronikita-Kloster auf dem Heiligen Berg Athos.

S. 30 Heimgang Mariens. Insel Reichenau um 1000. Codex von Wolfenbüttel, Herzog-August-Bibliothek Cod. 84 fol. 79.

S. 48 Ein Engel tröstet einen Sterbenden. Holzschnitt 15. Jh. aus einem frz. Sterbebuch von A. Vérard. Text der Spruchbänder: Engel: „Verzweifle nie!“ – Teufel: „Mir bleibt nicht der Sieg.“

S. 72 Die Geretteten im Schoß Abrahams. Wandteppich aus dem Kloster Varensell. Privatbesitz. Foto: Matthias Ebbers, Wiesbaden.

S. 100 Der Gute Hirte. Relief aus karrarischem Marmor vom „Sarkophag des Guten Hirten“. Entstanden um 330 Arles, Musée Lapidaire d'Art chrétien, Inv.-Nr. 31.
Entnommen aus: „Die Botschaft Jesus“ Herder 1972, mit freundlicher Genehmigung von Erich Lessing.

Taschenbücher
zum Bedenken und Verschenken

»Texte zum Nachdenken«
Herausgegeben von
Gertrude und Thomas Sartory

Weisung in Freude
Aus der jüdischen Überlieferung
Band 633, 128 Seiten, 2. Aufl.

Friedrich Rückert
Am Abend zu lesen
Band 654, 128 Seiten, 2. Aufl.

Henry D. Thoreau
Leben aus den Wurzeln
Textauswahl und Einführung von Susanne Schaup
Band 655, 112 Seiten, 3. Aufl.

Der Himmel liebt die Erde
Weisheit des christlichen Ostens
Ausgewählt und eingeleitet von Archimandrit Irenäus Totzke
Band 690, 128 Seiten, 2. Aufl.

Adalbert Stifter
Im Angesicht der Dinge
Band 711, 128 Seiten

Herderbücherei

Taschenbücher
zum Bedenken und Verschenken

»Texte zum Nachdenken«
Herausgegeben von
Gertrude und Thomas Sartory

Lao-tse
Jenseits des Nennbaren
Sinnsprüche nach dem Tao Te King von Linde Keyserlingk
Mit Illustrationen
Band 741, 128 Seiten, 2. Aufl.

Krishnas Flöte
Religiöse Liebeslyrik aus Indien
Band 752, 144 Seiten

Novalis
Im Einverständnis mit dem Geheimnis
Band 773, 128 Seiten

Ralph Emerson
Spanne deinen Wagen an die Sterne
Band 780, 128 Seiten

Die heiligen Wasser
Psalmenmeditationen aus Indien
Mit Holzschnitten von Joyti Sahi und Texten von
Martin Kämpchen
Band 814, 128 Seiten

Herderbücherei